Manual para la clase de ESPAÑOL

Isabel Parera

Manual para la clase de Español

Primera edición: agosto 2015

© 2015, Isabel Parera

Diagramación y cubierta: Joel Alfaro Hernández

Algunas actividades que aparecen en este libro fueron previamente publicadas en *¡A escribir se ha dicho!*, Yvonne Sanavitis, ed., Editorial Plaza Mayor, 2009, sobre las cuales la autora de este libro conserva los derechos.

ISBN: 978-0-9909445-2-2

A mis estudiantes

ÍNDICE

PALABRAS LIMINARES

Hemos creado un manual de ejercicios para las clases de Español a nivel universitario, teniendo en cuenta las necesidades de los estudiantes de nuevo ingreso, así como los prontuarios de varias universidades del país, a fin de afinar el material y los ejercicios hacia el éxito estudiantil, no solo en los cursos de Español, sino también en las otras asignaturas.

Además, los ejercicios del manual son adecuados para el estudiante de 4to año de escuela superior, que quiere prepararse para sacar un alto puntaje en el Examen de Español de College Board.

El texto que hemos preparado integra ejercicios para desarrollar las artes del lenguaje: escuchar, hablar, leer y escribir.

En cuanto a la gramática, la simplificamos para que sea de fácil manejo y para una aplicación práctica y correcta en la escritura.

Enfocamos la lectura, a través del estudio de los diferentes tipos de discursos (descriptivo, narrativo, expositivo y argumentativo), así como los ejercicios de redacción.

Los ejercicios de lectoescritura coadyuvan a la comprensión de la lectura, al desarrollo del pensamiento crítico, y al desempeño general de los estudiantes en sus materias.

En redacción cubrimos todos los aspectos (de la oración al párrafo y luego, entramos en ejercicios de varios párrafos); para que el estudiante superior o universitario avance, no solo en el conocimiento y aprecio de la lengua española, sino también en su ejecutoria en otras materias; ya que la lengua está presente en todas las materias y en todos los aspectos de nuestra vida.

Esperamos contribuir a la formación de los estudiantes y al logro de sus metas académicas. ¡Adelante!

La autora

Cada palabra tiene una función específica en la gramática. Puede ser que te parezca muy básico examinar la función del nombre o sustantivo, del verbo, adjetivos y adverbios, entre otras palabras. De ser así, tómalo como un repaso. Es preferible refrescar los conocimientos, a empezar con lagunas. Dominar lo que es básico, te ayudará luego a comprender lo más complejo.

A. Los nombres o sustantivos sirven para nombrar e identificar.

Toda persona, animal, institución, objeto, etc., tiene un nombre que lo o la identifica.

Por ejemplo:

Tania, Pablo, Gabriel García Márquez – son **nombres propios** para identificar a personas determinadas.

Pluto – es un **nombre propio** que se usa frecuentemente para nombrar a perros. Ya que por lo general le ponemos nombres a nuestras mascotas, para identificarlas y para llamarlas.

Sin embargo, cuando decimos la palabra perro, gato o caballo, no nos referimos a un animalito en específico, sino que utilizamos esos **nombres comunes** (perro, gato o caballo) para referirnos a esos animales, sin distinguir a ninguno en particular.

De igual forma, escritorio, pupitre, libro – son **nombres comunes** para nombrar esos objetos.

Los nombres para identificar instituciones, son **nombres propios** y, como todo nombre propio, se escriben con letra inicial mayúscula: Universidad de Puerto Rico, Iglesia Metodista Unida, Colegio San Ignacio, Colegio de Abogados.

Los nombres de continentes (como África, América, Asia); de países (como Puerto Rico, Cuba, India); y de pueblos o municipios (como San Juan, Caguas, Guaynabo) son **nombres propios**. Y como todo nombre propio se escriben con letra inicial mayúscula. Sin embargo, los **gentilicios** en nuestra lengua española se escriben con letra minúscula: africano, americano, asiático, puertorriqueño. Estos son adjetivos.

Con frecuencia, tanto en la comunicación oral como en la escrita, los nombres son sustituidos por pronombres (yo, tú, él, ella, usted, nosotros, nosotras, vosotros, vosotras, ellos, ellas, ustedes, aquel, aquella, aquellos, aquellas, quien, quienes, etc.)

B. Los adjetivos se utilizan para describir o calificar al sustantivo, por lo que decimos que modifican al sustantivo. En nuestra lengua generalmente el adjetivo sigue al sustantivo que modifica dentro de la oración. Sin embargo, es frecuente que se coloque antes del sustantivo cuando se quiere enfatizar la cualidad que describe.

Ejemplos:

María es una mujer <u>buena</u>.   María es una <u>buena</u> mujer.

Adj.   Adj.

perro sato - el sustantivo *perro* es modificado por el adjetivo *sato*, que describe al perro

mesa rectangular - el sustantivo *mesa* es modificado por el adjetivo *rectangular*

En esta relación entre el sustantivo y el adjetivo tiene que haber concordancia de género y número. Decimos *perro sato;* sustantivo y adjetivo concuerdan (el género es masculino y el número singular en ambas palabras). En el caso de *la perra,* tendría que ser *sata* (femenino singular en ambas palabras).

Así mismo, si el sustantivo es plural, el adjetivo tiene que estar en plural: perros satos, perras satas, mesas rectangulares.

C. Los verbos son acciones.

Caminar, comer, escribir, son acciones y, por lo tanto, son verbos.

Los verbos en infinitivo (sin conjugar) son las palabras que terminan en -ar, -er, -ir.

Otra característica exclusiva de los verbos que te ayudará a identificarlos: son conjugables.

D. Los adverbios modifican a los verbos (como complementos circunstanciales).

Hay adverbios de tiempo, de lugar, de modo, de cantidad, etc.

Ejemplos:

Llega temprano. - El verbo *llegar* es modificado por el adverbio de tiempo *temprano*.

Responde a la pregunta ¿Cuándo llega?

Come mucho. - El verbo *comer* es modificado por el adverbio de cantidad *mucho*.

Responde a la pregunta ¿Cuánto come?

Camina rápidamente. - El verbo *caminar* es modificado por el adverbio de modo *rápidamente*.

Responde a la pregunta ¿Cómo camina?

Otra función de los adverbios es modificar a otro adverbio o a un adjetivo.

Observa los siguientes ejemplos:

<u>Salimos</u> <u>demasiado</u> <u>temprano</u>.

   V   AC   AT

Compré un <u>traje</u> <u>muy</u> <u>bonito</u>.

         S   AC   Adj.

Con el uso de adverbios se añade complejidad e información a una oración simple. Se utilizan como complementos circunstanciales que expresan **dónde, cuándo, cómo, etc. tuvo lugar la acción del verbo.**

EJERCICIOS

A. Identifica con una N las palabras que son un nombre o sustantivo. Y con una V, los verbos.

_____ accedí   _____ Pedro

_____ trabaja   _____ tableta

_____ soñar   _____ tradujo

_____ taxi   _____ elefante

_____ Costa Rica   _____ Parque Central

B. Subraya con una línea los nombres o sustantivos en las siguientes oraciones:

Tamara conduce.

Elena estudia.

La isla es pequeña.

Los libros pesan.

Borra la pizarra.

C. Ahora escribe en una lista los verbos en esas oraciones:

_____

_____

_____

_____

_____

D. Re escribe cada oración añadiéndole un adverbio.

1. _____

2. _____

3. _____

4. _____

5. _____

E. Añade un adjetivo a los siguientes sustantivos. Ten en cuenta las reglas de concordancia:

1. cielo _____

2. ciudadanos _____

3. las estudiantes _____

4. plato _____

5. sueños _____

6. día _____

7. hombres _____

8. pensamientos _____

Oración simple: Miranda estudia enfermería.

                                     sujeto   predicado

Oraciones compuestas   Canta, baila.

por yuxtaposición: **cláusula (coma) cláusula**

                                     Eduardo estudia; lee varios libros.

                                     cláusula (punto y coma) cláusula

Oraciones compuestas   Estudia   y   trabaja.

por coordinación: Estudia   o   trabaja.

                                     Estudia,   pero   no trabaja.

                                     cláusula   (nexo)   cláusula

Oraciones complejas   Estudia   cuando   no trabaja.

por subordinación: **cláusula (conector) cláusula**

                                     principal   secundaria

                                     Cuando no estudia,   trabaja.

                                     cláusula

                                     secundaria   principal

A. Oraciones simples

Sabemos que las oraciones simples presentan una sola relación sujeto-predicado. Por consiguiente, constan de un solo verbo.

Ejemplos: <u>Miranda</u> <u>estudia enfermería.</u>

         S   P

        <u>Juan y Elena</u> <u>estudian arquitectura.</u>

         S   P

Observa la **concordancia entre sujeto y verbo**. Si el sujeto es singular, la conjugación del verbo debe ser singular y corresponder a la persona del sujeto. En el caso de *Miranda* (ella), 3ra persona singular, corresponde *estudia,* es decir, *ella estudia.* En el caso de *Juan y Elena* (ellos), 3ra persona plural, concuerda *estudian.*

Recuerda que el sujeto puede aparecer al principio, centro o final de la oración. Y también puede estar omitido.

EJERCICIOS

I. Escribe un sujeto (o sintagma nominal) que corresponda a cada predicado (o sintagma verbal).

Ten muy en cuenta la concordancia.

1. _____ asistiremos a la reunión.

2. Esta semana _____ no tengo tiempo.

3. _____ son buenas muchachas.

4. _____ tienen una bonita amistad.

5. ¿Qué llevas _____ en la cartera?

6. ¿Cuántos años tiene _____?

7. _____ hablan inglés.

8. _____ es nuevo.

9. _____ son útiles.

10. _____ ganaron el torneo.

II. Escribe un predicado (o sintagma verbal) que corresponda al sujeto (o sintagma nominal).

Ten muy en cuenta la concordancia.

1. Las estrellas _____.

2. Los muchachos _____.

3. Leticia _____.

4. ¿_____ él?

5. Él y yo _____.

6. Los ecologistas _____.

7. _____ ellos _____.

8. El periódico _____.

9. Los ciudadanos justos _____.

10. Los ancianos de la tribu _____.

B. ORACIONES COMPUESTAS

Hasta ahora hemos trabajado con oraciones simples (un sujeto que ejecuta una sola acción expresada por el verbo). Sin embargo, las **oraciones compuestas unen varios patrones simples en una sola oración compuesta de mayor extensión**. Por lo tanto, estas oraciones constan de dos o más verbos. Hay dos **tipos de oraciones compuestas: yuxtapuestas y coordinadas.**

La yuxtaposición consiste en unir oraciones por medio de comas (,), punto y coma (;) o dos puntos (:).

Ejemplo:

Ernesto cerró el libro, pensó en ella por un minuto, se quedó dormido con la luz de la lámpara encendida.

En este caso hemos utilizado comas que yuxtaponen las tres acciones de Ernesto. El uso de los signos de puntuación para unir varias proposiciones en una sola oración compuesta, es una alternativa correcta, pero resulta un tanto cortante. **En las oraciones compuestas por yuxtaposición no utilizamos conjunciones** como nexos o conectores.

La coordinación une las oraciones por medio de conjunciones.

Ejemplo con la conjunción y:

Ernesto cerró el libro **y** se quedó dormido.

El uso de las conjunciones para unir varias proposiciones en una sola oración compuesta, añade fluidez al lenguaje.

NEXOS COORDINANTES

copulativos: y, e, ni - Unen oraciones independientes.

Ejemplo: Juan recogerá las latas **e** Irene las cambiará por monedas.

disyuntivos: o, u - Una de las oraciones descarta a la otra.

Ejemplo: ¿Irás **o** llamarás?

adversativos: pero, sino, aunque, mas... - Una de las oraciones representa una contrariedad para la otra.

Ejemplo: Quiero trabajar, **pero** no tengo tiempo.

consecutivos: luego, así que, por consiguiente... - La segunda oración es la consecuencia de la primera.

Ejemplo: Estudié toda la semana, **así que** merezco un buen descanso.

explicativos: es decir, o sea... - La segunda oración explica el mensaje de la primera.

Ejemplo: Ella no pierde tiempo, **o sea**, ha decidido graduarse este año.

EJERCICIOS

I. Clasifica las siguientes oraciones como oración simple (OS), oración compuesta por yuxtaposición (OCY), y oración compuesta por coordinación (OCC):

_____ 1. Sembramos el árbol luego regamos la tierra.

_____ 2. Llegamos temprano y conseguimos un buen estacionamiento.

_____ 3. La ecología me interesa mucho.

_____ 4. La finca era extensa, pero no había muchos árboles.

_____ 5. Unos amigos nos invitaron.

_____ 6. Preparamos el terreno: sacamos las piedras, limpiamos el suelo de la mala hierba.

_____ 7. Yo cogí la pala y abrí un hoyo en la tierra.

_____ 8. Pasamos un domingo agradable aunque trabajamos bastante.

II. Ordena las oraciones en forma lógica. Luego escribe un párrafo con las oraciones.

_____

_____

_____

_____

_____

_____

_____

_____

Observa que has logrado construir un párrafo muy bien escrito con la variedad de oraciones que te ofrecimos. El estilo se embellece cuando se utiliza una variedad de oraciones.

III. Transforma las siguientes oraciones yuxtapuestas a coordinadas. Establece relaciones lógicas con el nexo que emplees, de acuerdo al contenido de las oraciones.

1. La educación de los pueblos es importante; urge modernizar los sistemas.

_____

_____

_____

2. La juventud de hoy es inquieta: estudia, trabaja, explora alternativas para su futuro.

_____

_____

_____

_____

3. Los estudiantes conocen las nuevas tecnologías; manejan los medios de comunicación globalizados; ellos aprenden por sí solos con sus computadoras.

_____

_____

_____

_____

4. Debemos preguntarnos: ¿Los sistemas educativos han sido adecuados a sus necesidades?

---

5. Es urgente; no tomemos un camino equivocado; no tronchemos el futuro.

IV. Ordena las oraciones resultantes en un párrafo.

C. ORACIONES COMPUESTAS COPULATIVAS

Cuando combinamos las oraciones simples podemos formar oraciones compuestas por coordinación. Observa que los nexos unen cláusulas que podrían constituir oraciones independientes. Al unirlas mediante las conjunciones **y, e, ni,** formamos una oración compuesta de tipo copulativa.

EJERCICIOS

Sigue los ejemplos:

a. Fuimos a la playa.   **b.** Nos divertimos mucho.

Fuimos a la playa **y** nos divertimos mucho.   { **Oración compuesta copulativa.**

a. Llegué temprano.   **b.** Hice la tarea.

Llegué temprano **e** hice la tarea.   {**Oración compuesta copulativa.**

a. No riega el jardín.   **b.** No atiende el huerto casero.

No riega el jardín **ni** atiende el huerto casero. {**Oración compuesta copulativa.**

Observa que se utiliza *ni* cuando hay dos cláusulas negativas.

1. a. No pido disculpas.   **b.** No doy explicaciones.

OCC: _____

2. a. Se encontraron.   **b.** Hicieron las paces.

OCC:

3. a. El capitán del barco da las órdenes a bordo.

b. Los marineros siguen las instrucciones.

OCC: _____

4. a. Ellos no estudian.   **b.** No trabajan.

OCC: _____

5. a. Alejandro hizo el desayuno.   **b.** Irene fregó.

OCC: _____

D. ORACIONES COMPUESTAS DISYUNTIVAS

Ya has visto que podemos combinar oraciones simples para formar oraciones compuestas. Si utilizas las conjunciones **o** y **u** como conectores, formarás **oraciones compuestas de tipo disyuntiva**.

EJERCICIOS

Sigue el ejemplo:

        a. Estudia.   **b.** Trabaja.

        Estudia **o** trabaja.   **{ Oración compuesta disyuntiva.**

        a. Se gradúa este año.   **b.** Otra vez pagará la matricula.

        Se gradúa este año **u** otra vez pagará la matricula.   **{OCD**

1. a. ¿Cocinas hoy?   **b.** ¿Compro comida china?

OCD: _____

2. a. Buscaré un empleo fijo.   **b.** Haré una maestría.

OCD: _____

3. a. Viajamos a Guatemala.   **b.** Honduras será nuestro destino.

OCD: _____

4. a. Espera el tren urbano.   **b.** Coge un taxi.

OCD: _____

5. a. Nos casamos.   **b.** Olvídame.

OCD: _____

E. ORACIONES COMPUESTAS ADVERSATIVAS

También podemos combinar oraciones simples para formar **oraciones compuestas de tipo adversativas, utilizando nexos adversativos: pero, mas, sin embargo, no obstante y aunque.**

EJERCICIOS

I. Sigue el ejemplo:

a. Yo lo he visto. **(pero)**   **b.** Yo no lo conozco bien.

OCA: Yo lo he visto, **pero** no lo conozco bien.

1. a. Hace sol. **(aunque)**   **b.** En el noticiero anunciaron una tormenta.

OCA: _____

_____

2. a. Arturo es muy inteligente. **(sin embargo)**   **b.** Arturo no estudia.

OCA: _____

_____

3. a. Hay muchos peces en el mar. **(mas)**   **b.** Nosotros no sabemos pescar.

OCA: _____

_____

4. a. Ellas no saben dónde está el centro de reciclaje. **(no obstante)**

  b. Ellas quieren reciclar.

OCA: _____

_____

5. a. Todavía las tortugas anidan en nuestras playas. **(aunque)**

  b. Las tortugas están en peligro de extinción.

OCA: _____

_____

II. Forma oraciones compuestas adversativas. Añade una oración simple que concuerde con el nexo indicado. Irás creando una historia.

1. La profesora asignó la lectura de una novela, **no obstante** _____

_____

2. Los estudiantes visitaron todas las librerías cercanas, **pero** _____

_____

3. La profesora asignó esa lectura desde hace tiempo, **mas** _____

_____

4. Hay otras alternativas para conseguir el libro, **sin embargo** _____

_____

5. Solo un estudiante llegó a conseguirlo, **aunque** _____

_____

III. Combina las oraciones simples para formar oraciones compuestas por coordinación. Observa que los nexos unen cláusulas que podrían constituir oraciones independientes. Al unirlas mediante las conjunciones _y, e, o ni,_ formamos una oración compuesta de tipo copulativa.

Sigue los ejemplos:

> **a. Fuimos al cine.**
>
> **b. Vimos la película.**
>
> **c. Fuimos al cine y vimos la película.**

> **a. Llegamos temprano.**
>
> **b. Hicimos la fila.**
>
> **c. Llegamos temprano e hicimos la fila.**

a. No pido disculpas.

b. No doy explicaciones.

c. No pido disculpas <u>ni</u> doy explicaciones.

1. a. El arquitecto hizo los planos del edificio.

   b. Los obreros siguieron las instrucciones.

---

2. a. Fui al banco.

   b. Abrí una cuenta de ahorro.

---

3. a. Se encontraron.

   b. Hicieron las paces.

---

4. a. Se lavan las manos frecuentemente.

   b. Evitan enfermedades.

---

5. a. María compró viandas.

   b. Isabel hizo pasteles.

---

6. a. Leí el periódico.

   b. Me enteré de la noticia.

---

7. a. Maya es un nombre de origen indígena.

   b. Minerva es un nombre clásico.

---

8. a. Él cantaba.

   b. Sus hermanas bailaban.

---

9. a. Están comprometidos.

   b. Piensan casarse.

---

10. a. No siembra los árboles en el patio.

    b. No riega las plantas del jardín.

IV. Combina las oraciones simples para formar oraciones compuestas por coordinación. Observa que los nexos unen cláusulas que podrían constituir oraciones independientes. Utiliza las conjunciones *o* y *u* para formar oraciones compuestas de tipo disyuntiva.

Sigue los ejemplos:

   a. Estudia.

   b. Trabaja.

   c. Estudia o trabaja.

   a. Viajamos a un país de la Unión Europea.

   b. Honduras es un destino turístico interesante.

   c. Viajamos a un país de la Unión Europea u Honduras es un destino turístico interesante.

1. a. Siembra los árboles en el patio.

   b. Riega las plantas del jardín.

2. a. Conduce.

   b. Busca las direcciones en el mapa.

3. a. Haz bien el trabajo.

   b. Renuncia.

4. a. Ahorra el agua.

   b. Otra vez sufriremos la sequía.

5. a. Eladio y su novia van al gimnasio.

   b. Ellos van a caminar al Parque Central.

6. a. La guagua sale temprano.

   b. El grupo de turistas no llega a tiempo.

7. a. Saldrán de excursión al Viejo San Juan.

   b. Visitarán el Museo de Arte Moderno.

8. a. Buscaré un empleo fijo.

   b. Haré una maestría.

9. a. Los fines de semana Mario sale con sus amigos.

   b. Mario estudia.

Es importante recordar que **las oraciones subordinadas** se encuentran sujetas a **la oración principal**. Se clasifican en **sustantivas, adjetivas y adverbiales** por la información que proveen.

Observa los siguientes ejemplos:

<u>Quien te quiere bien</u> te hará llorar.

    Cláu. S. S.   Cláu. Principal

Analiza ¿por qué *te hará llorar* es la cláusula principal?

La respuesta es sencilla: Porque esa cláusula podría ser una oración independiente con un sentido completo. En el caso de *Quien te quiere bien,* es la cláusula **subordinada** porque por sí sola carece de sentido. Por otro lado, es de tipo **sustantiva** porque tiene la función de un nombre.

<u>Le pedí la receta de aquel postre</u> <u>que era una delicia</u>.

Cláusula principal   Cláusula subordinada adjetiva

La cláusula <u>que era una delicia</u>, por sí sola carece de sentido, por lo tanto es **la subordinada**. Además es **de tipo adjetiva** porque realiza la función descriptiva del adjetivo. Equivale al adjetivo **"delicioso"**.

En las **oraciones complejas por subordinación de tipo adverbial**, las proposiciones subordinadas adverbiales pueden sustituirse por un adverbio (de modo, de tiempo, de lugar, de cantidad, finalidad, causal, etc.).

David compró la casa <u>tan pronto pudo</u>.

Principal   Subordinada adverbial de tiempo

Ella hace ejercicios <u>porque quiere mantenerse en forma</u>.

Principal   Subordinada adverbial de finalidad

La maestra explicó la lección <u>como la había planificado</u>.

Principal   Subordinada adverbial de modo

La maestra explicó la lección <u>cuantas veces fue necesario</u>.

Principal   Subordinada adverbial de cantidad

EJERCICIOS

I. Indica si la oración es coordinada o subordinada. Utiliza una letra C o una S.

1. _____ Los estudiantes llegan tarde cuando llueve.

2. _____ Debemos salir temprano o llegaremos tarde.

3. _____ Aníbal no estudia ni trabaja.

4. _____ Los delfines saltan como si volaran.

5. _____ Hice el examen de conducir hasta que conseguí la licencia.

6. _____ El capitán sabía que los salvavidas no alcanzarían.

7. _____ Los elefantes viven en manadas y protegen a sus crías.

8. _____ Serás tan feliz como te lo propongas.

9. _____ Escoge una película que sea apropiada para menores.

10. _____ Esteban va a dónde lo lleven.

II. Analiza y explica tus respuestas.

1. _____

_____

2. _____

_____

3. _____

_____

4. _____

_____

5. _____

_____

6. _____

_____

7. _____

_____

8. _____

_____

9. _____

_____

10. _____

_____

III. Combina las oraciones simples para formar oraciones complejas.

Sigue el ejemplo:

      a. Todos estudiaron para el examen. (por eso)

      b. Todos salieron bien.

Todos estudiaron para el examen, <u>por eso</u> salieron bien.

1. a. La cancha está bajo techo. **(por eso)**

    b. Podemos entrenar aunque llueva.

_____

_____

2. a. A ella le interesa la salud infantil. **(por eso)**

    b. Ella quiere ser pediatra.

_____

_____

3. a. Alejandro quiere mantenerse en forma. **(por eso)**

    b. Él va al gimnasio a diario.

_____

_____

4. a. Miranda aspira a tener un mejor futuro. **(por eso)**

    b. Ella no descuida sus estudios.

_____

_____

5. a. Tengo que hacer un proyecto de investigación. **(por eso)**

    b. Yo voy a la biblioteca.

_____

_____

6. a. Hay que proteger al Planeta Tierra. **(por eso)**

   b. Todos y todas debemos reciclar.

   _____

   _____

7. a. El calentamiento global ha producido sequías que afectan la agricultura. **(por eso)**

   b. Tenemos que sembrar más árboles.

   _____

   _____

IV. Combina las siguientes oraciones simples para formar oraciones complejas unidas por el enlace <u>como</u>.

Ejemplo:

> **a. El profesor nos explicó el material.**
>
> **b. Lo había planificado en el prontuario.**

El profesor nos explicó el material <u>como</u> lo había planificado en el prontuario.

1. a. Esta universidad tiene un prestigio. **(como)**

   b. Pocas universidades lo tienen.

   _____

   _____

2. a. Me matriculé temprano. **(como)**

   b. Me aconsejó el orientador.

   _____

   _____

3. a. Solicité una beca. **(como)**

   b. Lo hicieron mis compañeros.

   _____

4. a. Quiero tener un buen hogar. (como)

   b. Lo tuvieron mis padres.

   _____

   _____

5. a. Sembramos árboles en el patio. (como)

   b. Nos aconsejaron los ecologistas.

   _____

   _____

V. Añade una oración simple a las que aquí te ofrecemos;

combínalas después utilizando el nexo <u>mientras</u>.

Sigue el ejemplo:

> **a. María buscó la solicitud de pasaporte.**
>
> **b. Carlos se retrataba.**
>
> **c. María buscó la solicitud de pasaporte <u>mientras</u> Carlos se retrataba.**

1. a. Julia hizo una presentación para la clase de ciencias.

   b. _____

   c. _____

2. a. El arquitecto hacía los dibujos.

   b. _____

   c. _____

3. a. Nosotros trabajamos todos los días.

   b. _____

   c. _____

4. a. Todos duermen.

b. _____

c. _____

5. a. A Rómulo le gusta el cine.

b. _____

c. _____

6. a. Rosaura ahorra todos los meses.

b. _____

c. _____

7. a. Voy a leer el periódico.

b. _____

c. _____

VI. Añade una oración a las oraciones simples que aparecen a continuación. Combínalas después según el nexo indicado. Sigue el ejemplo:

     a. Felipe no podía ver el partido ese domingo. (porque)

     b. Felipe tenía que leer una novela para la clase de Español.

     c. Felipe no podía ver el partido ese domingo <u>porque</u> tenía que leer una novela para la clase de Español.

1. a. René fue a jugar al parque de la comunidad. **(donde)**

b. _____

c. _____

2. a. Se le ocurrió que se podía aprovechar mejor el terreno. **(como)**

b. _____

c. _____

3. a. Habló con sus vecinos, recogió firmas y consultó a las autoridades. **(porque)**

b. _____

c. _____

4. a. A todos les pareció genial la iniciativa de hacer un huerto hidropónico. **(donde)**

b. _____

c. _____

5. a. Ahora René es un ciudadano respetado y reconocido en su comunidad. **(porque)**

b. _____

c. _____

VII. Añade una oración simple a cada una de las que siguen y combínalas después, utilizando el nexo que te indicamos.

1. a. Violeta se enteró de la noticia. **(cuando)**

b. _____

c. _____

_____

2. a. Realizarían un viaje a México. **(como)**

b. _____

c. _____

_____

3. a. El papá de Violeta guardaba celosamente los pasaportes. **(donde)**

b. _____

c. _____

_____

4. a. Su madre se apresuró a reservar los pasajes. **(porque)**

    b. _____

    c. _____

5. a. Pronto se dieron cuenta de que necesitarían otras maletas. **(porque)**

    b. _____

    c. _____

_____

6. a. Violeta se sentía feliz viendo la unidad de su familia. **(mientras)**

    b. _____

    c. _____

_____

Capítulo IV
PERDOMO
Cuento de Francisco Gonzalo Marín

I

Se peleaba en Santo Domingo. España por segunda vez pretendía hacerse dueña de la antigua Atenas del Nuevo Mundo.

El ejército realista acampaba en Santiago de los Caballeros, y tanto la oficialidad como la soldadesca se henchían de júbilo, pues aquella tarde la **zambra** había sido recia y el triunfo pertenecía a las armas españolas.

A eso de las seis entraron a un prisionero. Dos horas después se reunía, por mera fórmula, un consejo de guerra y le condenaba a ser pasado por las armas. El fusilamiento se efectuaría al amanecer del día siguiente.

II

Las doce de la noche. En un cuarto **anguloso** y estrecho se halla, vigilado por algunos **centinelas** junto con el oficial que acaba de entrar, el prisionero sentenciado por la tarde. Un crucifijo de yeso amarillento pende de la negruzca pared, alumbrando oblicuamente por un **mechero** de gas.

El reo se pasea con tranquilidad **estoica. Ostenta** la cabellera negra, brillante y hermosa. A primera vista se comprende que tuvo siempre con ella cuidado y solicitud especiales. Es alto de **continente marcial**; en su semblante trigueño se advierte líneas indicadoras de **resolución** y energía. Cuenta apenas veinte y cinco años. Se llama Perdomo.

III

Nada hay que estreche mejor a los hombres que la juventud. Quien llegue a la vejez sin un amigo, difícilmente podrá entonces encontrarlo. La juventud es planta de **savia** generosa y **pródiga**. La vejez si da frutos, los da amargos como la experiencia.

El oficial español encargado de la custodia del reo, es joven también: de tez blanca, ojos expresivos, rostro varonil.

Aquellos dos mozos, de ideas tan opuestas, se miraron: el reo con marcada indiferencia, el oficial con alguna lástima mezclada al mismo tiempo de la severidad de su deber.

Cuando un reloj que andaba por allí señaló la una, ambos hablaban. Primero la conversación giró sobre la ejecución del día siguiente y fue fría…

Perdomo no sentía morir, le era indiferente la vida, pero dejaba atrás en el mundo a su novia, a la novia de su corazón. El oficial soñaba con un porvenir bellísimo, pero ¡a cuánta costa! Él también había dejado allá, en la oscura aldea de su patria, una niña de ojos tristes y negros...

Y a medida que se decían sus **cuitas** y se transmitían sus pensamientos, aquellas dos almas se iban estrechando y confundiendo. A intervalos el recuerdo de la realidad se posesionaba de **entrambos**, y entonces permanecían callados, pensativos... Bien pronto, **empero** la **ráfaga** pasaba y volvía el uno a hablar de sus sueños **segados** en flor, el otro de sus **melancólicas nostalgias**.

De improviso un rayo de luz iluminó el semblante de Perdomo.

-Pues bien: si eres mi amigo, confía en mi palabra. ¡Quiero despedirme, decirle por última vez adiós!

El oficial se puso pálido, miró con asombro a su **interlocutor** y le dijo:

-¿Pero sabes lo que me propones?

Sí –agregó Perdomo no dejando que continuara; -el deshonor, la muerte, porque si a las cinco no estuviera de vuelta ocuparías mi lugar; lo sé, lo sé; pero quiero verla, ¡verla antes de morir..!

El español inclinó **instintivamente** la cabeza. Durante un minuto sólo se escuchó el ruido sordo de respiraciones fatigosas. Por fin el oficial alzó la frente, abrazó a su amigo y con entonación dolorosa, triste; exclamó:

-¡Vete!

IV

Las seis de la mañana. El **lúgubre cortejo** conduce a un joven al **suplicio**. El sol asoma por las montañas.

Llegado al lugar de la ejecución, se formó el cuadro de ordenanza. De pie e iluminado hermosamente por la luz **crepuscular**, se erguía sobre el conjunto, un joven de color trigueño y negra cabellera. Era Perdomo.

Hizo una súplica a los soldados encargados de tirarle:

-¡No me disparéis sobre la frente! dijo. Y al efecto, se echó el cabello atrás, se paró sobre el pie derecho, haciendo sobre este descansar el otro, a modo de cruz; sacó, sin perder un instante el equilibrio, un pañuelo que recostó y puso en cuatro dobleces sobre la pierna levantada, se lo **ciñó** a la frente sin ocultarse los ojos, con voz energética y segura, llevándose la diestra al corazón, gritó:

-¡Aquí!

La descarga sonó, cayendo, como herido por un rayo, en tierra.

....

Cuando se retiró el pelotón un oficial iba llorando.

*Publicado en **El Postillón**, núm. 2. Nueva York, 1892.

EJERCICIOS PARA DISCUTIR EN LA CLASE

I. Investiga sobre la biografía y obra literaria de Francisco Gonzalo Marín.

Francisco Gonzalo Marín es más conocido por el nombre de _____

_____

Fecha de nacimiento y muerte: _____

Nacionalidad: _____

Circunstancias de su muerte: _____

_____

¿Qué géneros literarios cultivó?_____

¿Cuál es su temática principal? _____

Lee algún poema u otro cuento del autor. E indica el título: _____

_____

¿Te pareció interesante? Explica ¿por qué?

_____

_____

_____

II. Ya habrás hecho una primera lectura del cuento de Marín para identificar las palabras que no entiendes y realizar una búsqueda en el diccionario. Además, sugerimos buscar las que aparecen marcadas en el texto con letras negras. La investigación de este vocabulario se puede hacer utilizando el DRAE (*Diccionario de la Real Academia Española*) u otro de los recursos disponibles en línea.

zambra - _____

_____

anguloso - _____

_____

centinela - _____

_____

mechero - _____

_____

estoico - _____

_____

ostentar - _____

_____

continente - _____

_____

marcial - _____

_____

resolución -_____

_____

savia - _____

_____

pródigo - _____

_____

cuitas - _____

_____

entrambos - _____

_____

empero - _____

_____

ráfaga - _____

_____

segado - _____

_____

melancólico - _____

_____

nostalgia - _____

_____

interlocutor - _____

_____

instintivamente - _____

_____

lúgubre - _____

cortejo - _____

suplicio - _____

crepuscular - _____

ceñir o ceñirse - _____

_____

_____

III. Después de haber leído el cuento _Perdomo_ de Francisco Gonzalo Marín y de haber estudiado el vocabulario, ¿qué puedes decir sobre los diferentes discursos presentes en este cuento? Sustenta tu respuesta con ejemplos.

_____

_____

_____

_____

_____

_____

IV. Investiga y explica, ¿qué referencia geográfica e histórica hace el autor en la primera parte del cuento? Asegúrate de mencionar la fecha de los hechos.

_____

_____

_____

_____

_____

_____

V. Ya has visto cómo Marín ha hecho una referencia histórica en su cuento. No obstante, existe una marcada diferencia entre la historia y la literatura. Establece ¿qué diferencia hay entre la historia y la literatura?

_____

_____

_____

_____

_____

_____

_____

_____

VI. ¿Qué valores éticos y morales ostenta el cuento *Perdomo*?

_____

_____

_____

_____

_____

_____

_____

VII. ¿Piensas que algunos de estos valores están presentes en los jóvenes de hoy? Explica tu respuesta.

_____

_____

_____

_____

_____

_____

_____

VIII. ¿Qué mensaje nos quiso dar el autor?

_____

_____

_____

_____

_____

_____

_____

IX. ¿Cuál es la idea central del cuento?

_____

_____

_____

_____

_____

_____

_____

_____

X. ¿Cuál es la visión del mundo del autor? ¿Optimista o pesimista? Explica ¿por qué?

_____

_____

_____

_____

_____

XI. Llena los blancos con una de las **acepciones** de las palabras **formula**, **ráfaga** y **continente**. Elige la palabra o expresión que corresponda.

1. En el _____ africano hay una gran variedad de climas, vegetación y fauna.

2. Las _____ de viento hicieron que la barca zozobrara.

3. La leche materna es mejor que la _____.

4. El faro lanzaba _____ de luz a su alrededor.

5. La probeta se utiliza en el laboratorio para _____ (usar infinitivo) y medir el volumen de los líquidos.

6. Hay que tener mucho cuidado cuando manipulamos _____ químicas.

7. La _____ de tiros provocó una estampida de animales en la selva.

8. El gesto de su cara era _____ de seriedad.

43

El modo subjuntivo expresa acciones probables, posibles, inseguras, condicionadas, dependientes de otras acciones producto del deseo, la expectativa, la imaginación o el sentimiento del hablante.

Por ejemplo:

> Deseo que llegue temprano.
>
> Dudo que diga la verdad.
>
> Temo que mienta.
>
> Me alegra que te gradúes.
>
> Espero que cumpla.

Además, hay conjunciones que siempre emplean el subjuntivo. Estas son:

a menos que

antes (de) que

con tal (de) que

en caso de que

para que

sin que

EJERCICIOS

I. Forma oraciones complejas.

Termina la oración que te ofrecemos, con otra unida por la conjunción a menos que.

Sigue el ejemplo:

> **a. Iremos al parque. (a menos que)**
>
> **b. Iremos al parque <u>a menos que</u> llueva.**

1. a. Espérame. **(a menos que)**

   b. _____

2. a. Te invitaré a comer. **(a menos que)**

   b. _____

3. a. El banco te dará el préstamo. **(a menos que)**

   b. _____

4. a. El vuelo llega a las cinco de la tarde. **(a menos que)**

   b. _____

5. a. Ellos se casan en diciembre. **(a menos que)**

   b. _____

6. a. Terminaremos el trabajo mañana. **(a menos que)**

   b. _____

7. a. Él cambia el carro cada dos años. **(a menos que)**

   b. _____

8. a. Me voy de la empresa. **(a menos que)**

   b. _____

II. Forma oraciones complejas.

Termina la oración que te ofrecemos, con otra unida por la conjunción <u>antes que</u> o <u>antes de que</u>.

Sigue el ejemplo:

> **a. Me dio el dinero. (antes de que)**

b. Me dio el dinero <u>antes de que</u> se lo pidiera.

1. a. Le dijo cuatro verdades. **(antes de que)**

    b. _____

2. a. Prefiero que te vayas. **(antes que)**

    b. _____

3. a. El marinero se embarcó. **(antes de que)**

    b. _____

4. a. Juan cerró las ventanas. **(antes que)**

    b. _____

5. a. Ella abrió los regalos. **(antes de que)**

    b. _____

6. a. Ellos se fueron. **(antes que)**

    b. _____

7. a. Limpiamos el patio. **(antes de que)**

    b. _____

8. a. Nos levantamos. **(antes de que)**

    b. _____

III. Forma oraciones complejas.

Termina la oración que te ofrecemos, con otra unida por la conjunción <u>con tal que</u> o <u>con tal de que</u>.

Sigue el ejemplo:

      a. Le dio el dinero. (con tal de que)

      b. Le dio el dinero <u>con tal de que</u> lo dejara tranquilo.

1. a. Lloró como un niño. **(con tal que)**

    b. _____

2. a. Le seguimos la corriente. **(con tal que)**

b. _____

3. a. Le prestamos el dinero. **(con tal de que)**

b. _____

4. a. Trabajaré duro **(con tal que)**

b. _____

5. a. Mis padres me ayudan. **(con tal de que)**

b. _____

6. a. Él se hizo amigo del dueño del teatro. **(con tal que)**

b. _____

7. a. Gerardo miente. **(con tal de que)**

b. _____

8. a. Patricia cuida a los niños. (con tal que)

b. _____

IV. Forma oraciones complejas.

Termina la oración que te ofrecemos, con otra unida por la conjunción

en caso de que.

Sigue el ejemplo:

> **a. Tengo unos ahorros. (en caso de que)**
>
> **b. Tengo unos ahorros <u>en caso de que</u> pierda mi trabajo.**

1. a. Debes tener llaves de repuesto. **(en caso de que)**

b. _____

2. a. Cojo la guagua. **(en caso de que)**

b. _____

3. a. Los estudiantes firman una lista de asistencia. **(en caso de que)**

   b. _____

4. a. Te enviamos la nueva dirección. **(en caso de que)**

   b. _____

5. a. Lleva dos identificaciones al banco. **(en caso de que)**

   b. _____

6. a. La casa está asegurada. **(en caso de que)**

   b. _____

7. a. Nuestro padre tiene un seguro médico. **(en caso de que)**

   b. _____

8. a. La escuela reclutó a la maestra sustituta. **(en caso de que)**

   b. _____

V. Forma oraciones complejas.

Termina la oración que te ofrecemos, con otra unida por la conjunción

para que.

Sigue el ejemplo:

> **a. Alina trabaja de noche. (para que)**
>
> **b. Alina trabaja de noche <u>para que</u> sus hijos vayan a la universidad.**

1. a. La orquesta toca. **(para que)**

   b. _____

2. a. Yo traduje los documentos. **(para que)**

   b. _____

3. a. Estudia. **(para que)**

   b. _____

4. a. Haz ejercicios. **(para que)**

   b. _____

5. a. El dramaturgo escribió la obra. **(para que)**

   b. _____

6. a. Me mandaron el pasaje. **(para que)**

   b. _____

7. a. Lo hago. **(para que)**

   b. _____

8. a. Trabajamos mucho. **(para que)**

   b. _____

VI. Forma oraciones complejas.

Termina la oración que te ofrecemos, con otra unida por la conjunción sin que.

Sigue el ejemplo:

> **a. El viento cerró la puerta. (sin que)**
>
> **b. El viento cerró la puerta <u>sin que</u> pudiera evitarlo.**

1. a. La marea sube. **(sin que)**

   b. _____

2. a. El tiempo pasa. **(sin que)**

   b. _____

3. a. El paciente abandonó el hospital. **(sin que)**

   b. _____

4. a. Los precios suben. **(sin que)**

   b. _____

5. a. Los niños crecen. **(sin que)**

   b. _____

6. a. Los presos escaparon. **(sin que)**

   b. _____

7. a. La guagua cambió de ruta. **(sin que)**

   b. _____

8. a. Alejandro estaba sentado a mi lado. **(sin que)**

   b. _____

VII. Completa las siguientes oraciones con el verbo en subjuntivo.

Sigue el ejemplo:

   Nadaremos en el río <u>a menos que</u> (ser) <u>sea</u> profundo.

1. No me caso **a menos que (encontrar)** _____ el verdadero amor.

2. Les ofrezco consejos a mis amigos **para que (tener)** _____ éxito.

3. Los meses pasaron **sin que** nos **(darse)** _____ cuenta.

4. En las fiestas nunca bailo **a menos que (tocar)** _____ una buena orquesta.

5. Conseguí un buen traductor **para que (traducir)** _____ los documentos.

6. Les di dinero **para que** me **(traer)** _____ artesanías típicas del país.

7. **En caso de que** yo **(morir)** _____ ellos serán mis herederos.

8. El profesor asiste puntualmente **con tal que** los estudiantes **(seguir)** _____ su ejemplo.

9. Cuando salgo con mis amigos, siempre llevo la licencia **en caso de que (tener)** _____ que conducir.

10. Javier tuvo un terrible accidente **sin que** nosotros **(poder)** _____ evitarlo.

11. Teresa me invitó **para que (ir)** _____ al museo con ella.

12. Iremos a acampar **a menos que (hacer)** _____ mal tiempo.

VIII. Después de estudiar los usos del subjuntivo, lee las selecciones siguientes y llena los espacios.

En el espacio en blanco, usa el verbo en el modo subjuntivo, en el indicativo o en el infinitivo.

Observa que se han subrayado las conjunciones subordinadas para facilitar tu tarea.

EL JÍBARO

En el siglo XIX se identifica al campesino puertorriqueño con la figura del jíbaro. El ilustre Alejandro Tapia y Rivera en el libro que titula *Mis memorias*, describe el carácter indómito del jíbaro, <u>que</u> (luchar) _____ sin tregua ante las adversidades de la vida rural y las injusticias sociales. A principios del XX, el artista Ramón Frade (pintar) _____ *El pan nuestro*, un cuadro <u>donde</u> (aparecer) _____ como figura protagónica del paisaje campestre, el humilde jíbaro con un racimo de plátanos entre las manos. Más tarde, el compositor Rafael Hernández inmortaliza al *jibarito* en *Lamento borincano*, una canción <u>que</u> hoy (escucharse) _____ en todo el mundo. <u>Cuando</u> (visitar) _____ *El Monumento al Jíbaro*, nos (sentirse) _____ sobrecogidos por su presencia en medio de la naturaleza. La escultura, <u>que</u> (ser) _____ impresionante por su tamaño, (levantarse) _____ entre las montañas de Cayey. Ahora que lo conoces mejor, <u>espero que</u> (encontrar) _____ algún lugar en tu corazón para el jíbaro puertorriqueño.

El JÍBARO DE HOY

Soy un jíbaro de hoy. Me despierto <u>cuando</u> (cantar) _____ el gallo, me levanto <u>antes de que</u> (salir) _____ el sol. Me visto con ropa <u>que</u> (ser) _____ apropiada para la faena del campo y, <u>después de</u> (tomar) _____ un pocillo de café caliente para (empezar) _____ bien el día, (salir) _____ a (cultivar) _____ la tierra <u>hasta que</u> (caer) _____ la tarde. Entonces, regreso a la finca con los míos para (compartir) <u>aunque</u> (ser) _____ un rato con mi familia. Tenemos que (cenar) _____ y (acostarse) _____ temprano, <u>a fin de que</u> al día siguiente (poder) _____ levantarnos otra vez al amanecer.

<u>Aunque</u> la mayoría de la gente (pensar) _____ que (ser) _____ duro mi trabajo, lo (hacer) _____ con amor, porque la tierra es generosa y me (proveer) _____ todo tipo de viandas y frutas para el sustento de mi familia. En fin, me gusta (ser) _____ un agricultor y, <u>aunque</u> (contar) _____ con una tecnología más avanzada que la de antaño, me siento orgulloso de ser un jíbaro puertorriqueño.

CAPÍTULO VI
EL PÁRRAFO

Un párrafo es una unidad de pensamiento coherente que agrupa varias oraciones que tratan sobre un mismo asunto o tema.

ESTRUCTURA DEL PÁRRAFO

La oración temática (u oración principal) recoge y presenta la idea central del párrafo. Las ideas secundarias (de apoyo y/o desarrollo), se expresan mediante oraciones secundarias (o de desarrollo) que giran en torno a la idea central.

La idea central puede encontrarse en la primera oración, en el centro del párrafo, al final y hasta diluida en el texto (en el caso de algunos textos narrativos). En tal caso, redactaremos una oración que recoja la idea principal.

Aparte de esta estructura interna, el párrafo tiene una estructura externa que nos permite identificar fácilmente cada uno de los párrafos en un texto de mayor extensión. Lo has visto en todos tus libros: Se deja una sangría, varios espacios al inicio, y se utiliza punto y aparte para finalizar cada párrafo.

Al redactar un texto de mayor extensión, frecuentemente surge la duda sobre cuál debe ser el criterio para pasar de un párrafo a otro. Recuerda que se empieza un nuevo párrafo cuando vamos a tocar un asunto diferente o cuando se va a tratar otro aspecto del tema.

Observa los siguientes ejemplos:

1. **Hoy sufrimos una de las peores sequías en nuestra geografía.** Así lo han informado las autoridades. Es inminente ahorrar el precioso líquido.

El párrafo consta de tres oraciones. En este caso la oración temática que recoge la idea central, se encuentra **al principio** del párrafo. Esa primera oración es la única que tiene un sentido completo e independiente. Las otras dos oraciones recogen ideas secundarias y son oraciones secundarias, ya que dependen de la existencia de la oración principal, para tener sentido.

2. Aunque en la región del Caribe empezamos primero. **La transmigración en masa, el desplazamiento humano y la fuga de cerebros son fenómenos del siglo XXI.** Esto se debe a que la crisis económica es mundial.

En este ejemplo, la oración temática que recoge la idea central se encuentra **al centro del párrafo**. Observa que es la única oración que tiene un sentido completo. Las oraciones secundarias contienen ideas secundarias que se desprenden o giran alrededor de la idea central.

3. La Organización Mundial de la Salud ha realizado un sinnúmero de estudios sobre las deficiencias en la nutrición infantil. La mayoría de los niños del mundo no tienen garantizadas las tres comidas diarias, que básicamente se recomiendan. **Combatir la malnutrición y la mortandad infantil debería ser el principal reto que enfrente la humanidad.**

Las dos primeras oraciones son oraciones secundarias porque contienen ideas secundarias; es decir, que cada una de esas ideas por sí sola, no emite un sentido completo en el párrafo, no son ideas completas e independientes. Se necesita la oración temática, que contiene la idea central o principal del párrafo, para que haya coherencia. La idea central se expresa en la última oración a manera de conclusión. La función de la última oración es cerrar el párrafo, dar terminación al tema.

4. Todo párrafo contiene una idea central (o principal). Ya hemos visto ejemplos en los que la idea central se encuentra al principio, al centro y al final del párrafo. Sin embargo, hay casos en los que la idea central no se puede identificar fácilmente porque no se encuentra en una oración, sino que se encuentra dispersa o diluida en el párrafo. En este caso, redactaremos una oración que recoja el insumo del párrafo. Por ejemplo:

Después del final, cayó el telón. Los actores y actrices salieron una vez más al escenario. Y los aplausos no se hicieron esperar.

Idea central: Los actores y actrices de teatro fueron muy aplaudidos.

EJERCICIOS

Ilumina con un marcador la idea central de cada párrafo y explica por qué fue esa tu elección:

1. No hay que resistir. Mejor es dejarse llevar por la fantasía. Para leer poesía el lector debe conectar con los sentimientos del poeta.

2. La mayoría de la gente no sabe que la agricultura fue descubierta por las mujeres. Al observar cómo las semillas que caían al suelo se convertían en plantas y luego en alimento, dejaron de ser nómadas. Cultivar la tierra y resguardar a los pequeños en un asentamiento, era mejor que caminar largas jornadas a merced de las fieras y las inclemencias del tiempo.

---

3. Puerto Rico, como la mayoría de los países del mundo, sufre la crisis energética actual. El problema principal no estriba en no ser un país productor del llamado oro negro, sino en la dependencia del petróleo para sostener el estilo de vida que llevamos. Tendremos que hacer algunos ajustes para superar la crisis, por ejemplo, podemos reciclar, apagar las luces que no necesitemos, utilizar menos los autos y más los medios de transportación pública; pero ante esta crisis, esos y otros esfuerzos individuales no son suficientes; además, se deben implementar políticas que impulsen tecnologías dirigidas al desarrollo e implantación de fuentes alternas de energía, como el almacenamiento y aprovechamiento de la energía solar o el uso de los molinos de viento para generar energía.

---

4. Nuestra arquitectura parece haberse diseñado expresamente para turistas. El sol raja las piedras. No puedo dejar de pensar en los esclavos. En el Viejo San Juan como en la Habana Vieja, la vida fluye como si el tiempo se hubiera detenido.

---

5. La necesidad de encontrar fuentes de proteína más económicas que la crianza de ganado, ha llevado a grupos de científicos a recomendar el consumo de insectos. Se ha demostrado que las cucarachas, las moscas, los escarabajos y los grillos son riquísimos en proteínas. Sin embargo, a pesar de la seriedad de esta crisis alimentaria, no puedo dejar de preocuparme de los que se comerán los insectos, mientras otros seguirán comiéndose las reses.

---

6. Hay una gran diferencia entre un desnudo y la pornografía. Todo está en la intención. ¿Por qué se hace el cuadro, la fotografía, la escultura o el "performance"? El arte no puede limitarse. El espectador, antes de insultarse, tiene la opción de seguir de largo y no verlo.

---

7. Violetas o gardenias; albahaca o malagueta; limón o naranja. Los aceites esenciales se extraen de una gran variedad de flores, hierbas o frutas. Estos aceites se mezclan con alcoholado (una mezcla de alcohol y agua) para fabricar las aguas de colonia.

---

8. Nada hay que estreche mejor a los hombres que la juventud. Quien llegue a la vejez sin un amigo, difícilmente podrá entonces encontrarlo. La juventud es planta de savia generosa y pródiga. La vejez si da frutos, los da amargos como la experiencia.

Fragmento del cuento *Perdomo* de Francisco Gonzalo Marín

CAPÍTULO VII
DIVERSOS TIPOS DE PÁRRAFO

Existen diversos tipos de párrafos. Según el propósito que cumpla, el texto puede ser descriptivo, narrativo, expositivo o argumentativo. El escritor decidirá cuál de estos discursos es el más adecuado para expresar lo que quiere decir. Lee los ejemplos que siguen de estos discursos:

Ejemplo de párrafo descriptivo

Acogedora estancia amueblada con gusto, aunque sin lujo. En el fondo, a la derecha, la puerta que da al vestíbulo y, a la izquierda, la del despacho de Helmer. Entre ellas, un piano. (…)

Fragmento de *Casa de muñecas* de Henrik Ibsen

Cuando describimos, decimos cómo es una persona, un animal, un sentimiento, un objeto o un lugar. El párrafo descriptivo expresa lo que el escritor percibe a través de los sentidos, por consiguiente, los adjetivos abundan en las descripciones.

Ejemplo de párrafo narrativo

Al día siguiente, Alicia amanecía peor. Hubo consulta. Se constató una anemia de marcha agudísima, completamente inexplicable. Alicia no tuvo más desmayos, pero se iba visiblemente a la muerte.

Fragmento de *El almohadón de plumas* de Horacio Quiroga

Narrar es contar. El párrafo narrativo es el adecuado para relatar sucesos, contar una historia, decir cómo, dónde y cuándo se dieron los hechos. En un buen cuento los verbos son las palabras predominantes, ya que expresan acciones.

Ejemplo de párrafo expositivo

Las islas de Puerto Rico y Cuba, que entre ambas deben formar una población de 700 a 800,000 almas, son las que más tranquilamente poseen los españoles, porque están fuera del contacto de los independientes. Mas, ¿no son americanos estos insulares? ¿No son vejados? ¿No desearán su bienestar?

Fragmento de *Carta de Jamaica* (1815) de Simón Bolívar

Cuando exponemos, informamos y/o explicamos nuestro punto de vista y/o ideas sobre un tema.

Ejemplo de párrafo argumentativo

Es difícil hablar de paz en tiempos de guerra; pero nunca ha sido más pertinente el tema que en el día de hoy. No podemos acostumbrarnos o aceptar las violaciones a los derechos humanos, ni los asesinatos, ni la impunidad, como los signos normales de nuestro tiempo. No podemos ni queremos resignarnos.

Fragmento de *La guerra de los pacifistas* (ensayo) de I. Parera

Argumentamos con el propósito de persuadir o convencer al lector a través de la discusión del tema. Es importante que el escritor, no solo exponga su punto de vista, también debe examinar y evaluar otras opiniones en contra y a favor de la suya, con la finalidad de presentar un análisis más completo del tema y, sobre todo, ganar adeptos.

DISTINTAS MANERAS DE ORGANIZAR UN PÁRRAFO

Por otro lado, hay distintas maneras de organizar un párrafo. Se trata de diferentes estrategias para desarrollar el texto escrito. Entre otras, es frecuente la enumeración, la secuencia, la comparación y contraste, el desarrollo de un concepto, causa / efecto, lógica, enunciado y solución de un problema. Lee los siguientes ejemplos:

Enumeración

Vuelvo a caminar las calles de Santiago: San Agustín, Aguilera, la calle de Enramadas. Los balcones se asoman como si me saludaran. Los zaguanes, mis antiguos cómplices, me extrañan a oscuras y preguntan ¿por qué estoy ausente? Y me entra esta angustia de saber que estoy muy lejos y que voy a despertar igual de sola.

Secuencia

Los colonizadores llegaron al Nuevo Mundo, primero tras el oro y la plata.

Luego, se dieron cuenta de que la mayor riqueza estaba en la tierra que veneraban los indios. Entonces, se adueñaron de las tierras y de los indios para su explotación.

Comparación / contraste

Nada hay que estreche mejor a los hombres que la juventud. Quien llegue a la vejez sin un amigo, difícilmente podrá entonces encontrarlo. La juventud es planta de savia generosa y pródiga. La vejez si da frutos, los da amargos como la experiencia.

Fragmento de *Perdomo* (cuento) de Pachín Marín

Desarrollo de un concepto

En su *Ensayo de estética a manera de prólogo* el escritor español José Ortega y Gasset advierte que el término *metáfora* significa a la par un procedimiento y un resultado, una forma de actividad mental y el objeto mediante ella logrado.

Causa / efecto

La gran extensión de la geografía hispanoamericana ofrece una variedad de entornos naturales, que invita a practicar deportes tan diversos como la caza, la pesca, la navegación en canoas o en veleros, el senderismo por los bosques o el alpinismo. Además durante el invierno, los picos nevados de Sudamérica ofrecen una oportunidad deportiva a esquiadores y alpinistas.

Enunciado y solución de un problema

Puerto Rico, como la mayoría de los países del mundo, sufre la crisis energética actual. El problema principal no estriba en no ser un país productor del llamado oro negro, sino en la dependencia del petróleo para sostener el estilo de vida que llevamos. Tendremos que hacer algunos ajustes para superar la crisis, por ejemplo, podemos reciclar, apagar las luces que no necesitemos, utilizar menos los autos y más loa medios de transportación pública; pero ante esta crisis, esos y otros esfuerzos individuales no son suficientes; además, se deben implementar políticas que impulsen tecnologías dirigidas al desarrollo e implantación de fuentes alternas de energía, como el almacenamiento y aprovechamiento de la energía solar o el uso de los molinos de viento para generar energía.

Lógica

El ahorro es la base de una economía saludable. El año tiene veinticuatro quincenas. Si logramos guardar $50.00 de nuestro salario quincenal, al cabo de un año, contaríamos con un fondo en metálico de $1,200.00 a nuestro haber. En apariencia es poco dinero, pero en diez años, esta práctica generaría un capital de más de $12,000.00, sumando los intereses.

EJERCICIOS

I. Identifica la clase de organización que tienen los siguientes párrafos:

1. La globalización se define como un proceso de interdependencia económica entre los estados del mundo, debido al aumento de la libertad y rapidez de los intercambios y la extensión de los mercados internacionales.

Diccionario Manual de la Lengua Española Vox

a. _____ enumeración o secuencia

b. _____ comparación / contraste

c. _____ desarrollo de un concepto

d. _____ enunciado y solución de un problema

e. _____ causa / efecto

2. Cuando el valor de la moneda sube, el poder adquisitivo de los consumidores aumenta, por lo tanto se vende más y, por consiguiente, los comerciantes aumentan los precios para aprovechar la bonanza económica. También los bienes raíces se venden aunque estén más caros, porque hay muchos compradores que quieren obtener una casa o un apartamento o una finca. Los intereses hipotecarios también suben. Por consiguiente, si queremos comprar un inmueble a mejor precio, tenemos que esperar esas oportunidades en que la economía no está en su mejor momento y los corredores y dueños se ven obligados a bajar los precios para poder vender, así como las entidades hipotecarias bajan sus intereses. Ese es el momento para hacer un buen negocio.

a. _____ enumeración o secuencia

b. _____ comparación / contraste

c. _____ enunciado y solución de un problema

d. _____ causa / efecto

e. _____ lógica

3. No es que dispongamos de poco tiempo; es que perdemos mucho. Bastante larga es la vida y aun sobrada para llevar a cabo las mayores empresas; pero cuando se desliza entre el lujo y la ociosidad, cuando no se destina a nada bueno, solo al vernos, por fin, obligados a cumplir nuestro último deber, sentimos que ha pasado aquella vida cuya marcha no percibimos.

De *La brevedad de la vida* del filósofo Séneca

a. _____ enumeración o secuencia

b. _____ comparación / contraste

c. _____ desarrollo de un concepto

d. _____ causa / efecto

e. _____ lógica

4. Por las mañanas los minutos corren más de prisa. Del mediodía en adelante, la digestión del almuerzo se confabula con el calor de la tarde y parece que la hora de ponchar la salida del trabajo nunca va a llegar. Finalmente, por la noche, estamos tan cansados que caemos muertos de sueño hasta el día siguiente.

a. _____ enumeración o secuencia

b. _____ comparación / contraste

c. _____ desarrollo de un concepto

d. _____ enunciado y solución de un problema

e. _____ causa / efecto

5. Uno de los retos ecológicos que enfrenta Puerto Rico es cómo deshacernos de los desperdicios sólidos (lo que vulgar y tradicionalmente hemos llamado la basura). En el pasado, se quemaba en los vertederos, pero hoy sabemos que la incineración contamina el aire que respiramos. Tampoco podemos permitir las prácticas de irresponsables que lanzan lo inservible a los cuerpos de agua. Por el contrario, se han organizado brigadas para sacar restos de autos y muebles, latas, botellas, pañales desechables, en fin, todo tipo de escombro que ha sido tirado impunemente al agua de los lagos, ríos o al mar. Entonces, ¿qué podemos hacer ante el problema del exceso de basura? Vamos a tener que tomar algunas medidas drásticas para solucionar o, por lo menos, disminuir el problema. Empecemos por entender que tenemos que reciclar y re-usar las cosas antes de tirarlas. Tratar de consumir solo lo necesario para no generar tanta basura. Por otro lado, lo que para unos es basura, para otros es divisa; ejemplo de esto es la chatarra, que se puede acumular y vender por toneladas a industrias que funden esos metales. Ya hay muchos que están haciendo un negocio del recogido de latas, botellas y papel. Pero en Puerto Rico todavía necesitamos educar más a la población sobre este asunto.

a. _____ enumeración o secuencia

b. _____ comparación / contraste

c. _____ desarrollo de un concepto

d. _____ enunciado y solución de un problema

e. _____ causa / efecto

f. _____ lógica

II. Añadimos un nivel de complejidad en los siguientes ejercicios. Identifica el tipo de párrafo según su organización y discurso:

1. A eso de las seis entraron a un prisionero. Dos horas después se reunía, por mera fórmula, un consejo de guerra y le condenaba a ser pasado por las armas. El fusilamiento se efectuaría al amanecer del día siguiente.

Fragmento de *Perdomo* de Pachín Marín

Según su organización

a. _____ enumeración o secuencia

b. _____ comparación / contraste

c. _____ desarrollo de un concepto

d. _____ enunciado y solución de un problema

Según el discurso

a. _____ descriptivo

b. _____ narrativo

c. _____ expositivo

d. _____ argumentativo

2. La mayoría de la gente no sabe que la agricultura fue descubierta por las mujeres. Al observar cómo las semillas que caían al suelo se convertían en plantas y luego en alimento, dejaron de ser nómadas. Cultivar la tierra y resguardar a los pequeños en un asentamiento, era mejor que caminar largas jornadas a merced de las fieras y las inclemencias del tiempo.

Según su organización

a. _____ enumeración o secuencia

b. _____ comparación / contraste

c. _____ desarrollo de un concepto

Según el discurso

a. _____ descriptivo

b. _____ narrativo

c. _____ expositivo

d. _____ enunciado y solución de un problema   d. _____ argumentativo

e. _____ causa / efecto

f. _____ lógica

3. Cree el aldeano vanidoso que el mundo entero es su aldea, y con tal que él quede de alcalde, o le mortifique al rival que le quitó la novia, o le crezcan en la alcancía los ahorros, ya da por bueno el orden universal, sin saber de los gigantes que llevan siete leguas en las botas y le pueden poner la bota encima, ni de la pelea de los cometas en el Cielo, que van por el aire dormidos engullendo mundos. Lo que quede de aldea en América ha de despertar. Estos tiempos no son para acostarse con el pañuelo a la cabeza, sino con las armas del juicio, que vencen a las otras. Trincheras de ideas valen más que trincheras de piedra.

Fragmento de *Nuestra América* de José Martí

Según su organización   **Según el discurso**

a. _____ enumeración o secuencia   a. _____ descriptivo

b. _____ comparación / contraste   b. _____ narrativo

c. _____ desarrollo de un concepto   c. _____ expositivo

d. _____ enunciado y solución de un problema   d. _____ argumentativo

e. _____ causa / efecto

f. _____ lógica

4. Los primeros días fueron los más difíciles, porque no contaban con equipo para rescatar a los que habían quedado sepultados debajo del edificio. Luego, llegó la defensa civil, el equipo y, con la ayuda de los perros, pudieron rescatar vivos a unos cuantos.

Según su organización

a. _____ enumeración o secuencia

b. _____ comparación / contraste

c. _____ desarrollo de un concepto

d. _____ enunciado y solución de un problema

e. _____ causa / efecto

f. _____ lógica

Según el discurso

a. _____ descriptivo

b. _____ narrativo

c. _____ expositivo

d. _____ argumentativo

5. Las playas de Puerto Rico son de las más hermosas del mundo. Las playas son para el disfrute del pueblo puertorriqueño, y también de los turistas que visitan la isla. Pero debemos empezar a pensar en las playas y sus costas, no como meros centros de recreo, y entender que son recursos naturales que debemos preservar y proteger.

Según su organización

a. _____ enumeración o secuencia

b. _____ comparación / contraste

Según el discurso

a. _____ descriptivo

b. _____ narrativo

c. _____ desarrollo de un concepto   c. _____ expositivo

d. _____ enunciado y solución de un problema   d. _____ argumentativo

e. _____ causa / efecto

f. _____ lógica

6. Muchas son las regiones de España y cada una tiene su música y baile característicos. Puede ser la jota de Aragón, la muñeira de Galicia, la sardana de los catalanes. La gente de cada región conoce su baile y lo baila, especialmente en las fiestas de pueblo. El flamenco de Andalucía, bailado entre los gitanos, es conocido en todo el mundo.

Según su organización   **Según el discurso**

a. _____ enumeración o secuencia   a. _____ descriptivo

b. _____ comparación / contraste   b. _____ narrativo

c. _____ desarrollo de un concepto   c. _____ expositivo

d. _____ enunciado y solución de un problema   d. _____ argumentativo

e. _____ causa / efecto

f. _____ lógica

7. Volvía una tarde del campamento, cuando fui sorprendido por una tormenta de viento y agua, a más no pedir. Durante cuatro horas caminé empapado de lluvia, al punto que no quedó nada sobre mí que no chorreara agua: ropas, cuerpo, fósforos, libreta, encendedor. Hasta la misma linterna eléctrica inutilizada.

Fragmento de *Cacería de la víbora de cascabel* de Horacio Quiroga

Según su organización	**Según el discurso**
a. _____ enumeración o secuencia	a. _____ descriptivo
b. _____ comparación / contraste	b. _____ narrativo
c. _____ desarrollo de un concepto	c. _____ expositivo
d. _____ enunciado y solución de un problema	d. _____ argumentativo
e. _____ causa / efecto	
f. _____ lógica	

8. En el comercio, las ventas especiales son un anzuelo para atraer al consumidor. Sin embargo, no siempre los descuentos favorecen al consumidor. Por ejemplo, descuentos de un 5% o 10% en mercancía de unos $25.00, significa una rebaja de $1.25 y $2.50 del precio original. En otras palabras, no es una gran rebaja. Para que sintiéramos un cambio sustancial sobre el precio original, el descuento tendría que ser de un 25% en adelante. Mejor todavía si son de un 50% a un 75%. Entonces estamos haciendo una buena compra.

Según su organización	**Según el discurso**
a. _____ enumeración o secuencia	a. _____ descriptivo
b. _____ comparación / contraste	b. _____ narrativo
c. _____ lógica	c. _____ expositivo
d. _____ enunciado y solución de un problema	d. _____ argumentativo
e. _____ causa / efecto	

III. REDACCIÓN DE PÁRRAFOS

Consejos para redactar un buen párrafo

Para redactar un buen párrafo, claro y preciso, debemos tener en cuenta las siguientes cualidades: **la unidad de sentido, la coherencia, los elementos de enlace y transición**. Además, como en toda redacción, se debe hacer una **revisión** antes de darlo por terminado.

Unidad

Todas las oraciones deben estar relacionadas con la oración temática (o principal) para que tenga unidad. Es decir, todas las ideas que integran el párrafo deben tratar sobre un mismo asunto o tema.

Como hemos dicho, se comienza un nuevo párrafo cuando se va a pasar a un asunto diferente o cuando se va a tocar otro aspecto dentro del tema.

Coherencia

La coherencia consiste en seguir el orden lógico de las ideas que conforman el párrafo, evitando las digresiones temáticas.

Elementos de enlace y de transición

En la redacción de un párrafo se recomienda utilizar diferentes tipos de nexos para facilitar la expresión de las ideas y la emisión de un mensaje claro, coherente y preciso. Estos son: **preposiciones, conjunciones, pronombres relativos y adverbios.**

Revisión

Una última recomendación, revisa siempre lo que has redactado antes de darlo por terminado. Asegúrate de que se entienda con claridad el contenido o mensaje del párrafo. Si no, edítalo haciendo los cambios que sean necesarios. Rectificar es de sabios.

EJERCICIOS DE REDACCIÓN

1. Redacta un párrafo descriptivo.

Visita uno de los museos cercanos a la comunidad donde vives. Elige una obra de arte y redacta una descripción de la misma. Asegúrate de incluir suficientes detalles en tu escrito, de manera que refleje lo que has visto.

_____

_____

_____

_____

_____

_____

_____

_____

_____

_____

_____

_____

_____

2. Redacta un párrafo narrativo.

Elige uno de estos temas: "Un momento importante en mi vida", "El día más feliz de mi vida" o "Una historia de amor".

_____

_____

_____

_____

_____

_____

_____

_____

_____

_____

_____

3. Redacta un párrafo expositivo sobre uno de los siguientes temas: "La importancia de la educación", "La importancia de la educación para la mujer", "Vivir una vida saludable" o "Los beneficios del Yoga".

_____

_____

_____

_____

_____

_____

_____

_____

_____

_____

_____

_____

_____

_____

_____

_____

_____

_____

_____

4. Para redactar el párrafo argumentativo puedes elegir cualquier tema de discusión, mientras más controversial sea, más fácil se te hará esgrimir los argumentos para sustentar tu punto de vista y convencer a los opositores. Algunos temas argumentativos son: "La pena de muerte", "El aborto", "La legalización de las drogas" y "El grafiti: arte o vandalismo".

_____

_____

_____

_____

_____

_____

_____

_____

_____

_____

_____

_____

_____

_____

_____

_____

_____

_____

_____

_____

CAPÍTULO VIII
JUAN DARIÉN
Cuento de Horacio Quiroga

Aquí se cuenta la historia de un tigre que se crió y educó entre los hombres, y que se llamaba Juan Darién. Asistió cuatro años a la escuela vestido de pantalón y camisa, y dio sus lecciones correctamente, aunque era un tigre de las selvas; pero esto se debe a que su figura era de hombre, conforme se narra en las siguientes líneas.

Una vez, a principios de otoño, la viruela visitó un pueblo de un país lejano y mató a muchas personas. Los hermanos perdieron a sus hermanitas, y las criaturas que empezaban a caminar quedaron sin padre ni madre. Las madres perdieron a su vez a sus hijos, y una pobre mujer joven y viuda llevó ella misma a enterrar a su hijito, lo único que tenía en el mundo. Cuando volvió a su casa, se quedó sentada pensando en su chiquillo. Y murmuraba:

—Dios debía haber tenido más compasión de mí, y me ha llevado a mi hijo. En el cielo podrá haber ángeles, pero mi hijo no los conoce. Y a quien él conoce bien es a mí, ¡pobre hijo mío!

Y miraba a lo lejos, pues estaba sentada en el fondo de su casa, frente a un portoncito donde se veía la selva.

Ahora bien; en la selva había muchos animales feroces que rugían al caer la noche y al amanecer. Y la pobre mujer, que continuaba sentada, alcanzó a ver en la oscuridad una cosa chiquita y vacilante que entraba por la puerta, como un gatito que apenas tuviera fuerzas para caminar. La mujer se agachó y levantó en las manos un tigrecito de pocos días, pues aún tenía los ojos cerrados. Y cuando el mísero cachorro sintió el contacto de las manos, runruneó de contento, porque ya no estaba solo. La madre tuvo largo rato suspendido en el aire aquel pequeño enemigo de los hombres, a aquella fiera indefensa que tan fácil le hubiera sido exterminar. Pero quedó pensativa ante el desvalido cachorro que venía quién sabe de dónde y cuya madre con seguridad había muerto. Sin pensar bien en lo que hacía llevó al cachorrito a su seno y lo rodeó con sus grandes manos. Y el tigrecito, al sentir el calor del pecho, buscó postura cómoda, runruneó tranquilo y se durmió con la garganta adherida al seno maternal.

La mujer, pensativa siempre, entró en la casa. Y en el resto de la noche, al oír los gemidos de hambre del cachorrito, y al ver cómo buscaba su seno con los ojos cerrados, sintió en su corazón herido que, ante la suprema ley del Universo, una vida equivale a otra vida. Y dio de mamar al tigrecito.

El cachorro estaba salvado, y la madre había hallado un inmenso consuelo. Tan grande su consuelo, que vio con terror el momento en que aquél le sería arrebatado, porque si se llegaba a saber en el pueblo que ella amamantaba a un ser salvaje, matarían con seguridad a la pequeña fiera. ¿Qué hacer? El cachorro, suave y cariñoso –pues jugaba con ella sobre su pecho- era ahora su propio hijo.

En estas circunstancias, un hombre que una noche de lluvia pasaba corriendo ante la casa de la mujer, oyó un gemido áspero –el ronco gemido de las fieras que, aún recién nacidas, sobresaltan al ser humano. El hombre se detuvo bruscamente, y mientras buscaba a tientas el revólver, golpeó la puerta. La madre, que había oído los pasos, corrió loca de angustia a ocultar al tigrecito en el jardín. Pero su buena suerte quiso que al abrir la puerta del fondo se hallara ante una mansa, vieja y sabia serpiente que le cerraba el paso. La desgraciada mujer iba a gritar de terror, cuando la serpiente habló así:

-Nada temas, mujer –le dijo-. Tu corazón de madre te ha permitido salvar una vida del Universo, donde todas las vidas tienen el mismo valor. Pero los hombres no te comprenderán, y querrán matar a tu nuevo hijo. Nada temas, ve tranquila. Desde este momento tu hijo tiene forma humana; nunca lo reconocerán. Forma su corazón, enséñale a ser bueno como tú, y él no sabrá jamás que no es hombre. A menos… a menos que una madre de entre los hombres lo acuse; a menos que una madre no le exija que devuelva con su sangre lo que tú has dado por él, tu hijo será siempre digno de ti. Ve tranquila, madre, y apresúrate, que el hombre va a echar la puerta abajo.

Y la madre creyó a la serpiente, porque en todas las religiones de los hombres la serpiente conoce el misterio de las vidas que pueblan los mundos. Fue, pues, corriendo a abrir la puerta, y el hombre, furioso, entró con el revolver en la mano y buscó por todas partes sin hallar nada. Cuando salió, la mujer abrió, temblando, el rebozo bajo el cual ocultaba a tigrecito sobre su seno, y en su lugar vio a un niño que dormía tranquilo. Traspasada de dicha, lloró largo rato en silencio sobre su salvaje hijo hecho hombre lágrimas de gratitud que doce años más tarde ese mismo hijo debía pagar con sangre sobre su tumba.

Pasó el tiempo. El nuevo niño necesitaba un nombre: se le puso Juan Darién.

Necesitaba alimentos, ropa, calzado: se le dotó de todo, para lo cual la madre trabajaba día y noche. Ella era aún muy joven, y podría haberse vuelto a casar, si hubiera querido; pero le bastaba el amor entrañable de su hijo, amor que ella devolvía con todo su corazón.

Juan Darién era, efectivamente, digno de ser querido: noble, bueno y generoso como nadie. Por su madre, en particular, tenía una veneración profunda. No mentía jamás. ¿Acaso por ser un ser salvaje en el fondo de su naturaleza? Es posible; pues no se sabe aún qué influencia puede tener en un animal recién nacido la pureza de un alma bebida con la leche en el seno de una santa mujer.

Tal era Juan Darién. E iba a la escuela con los chicos de su edad, los que se burlaban a menudo de él, a causa de su pelo áspero y su timidez. Juan Darién no era muy inteligente; pero compensaba esto con su gran amor al estudio.

Así las cosas, cuando la criatura iba a cumplir diez años, su madre murió. Juan Darién sufrió lo que no es decible, hasta que el tiempo apaciguó su pena. Pero fue en adelante un muchacho triste, que sólo deseaba instruirse.

Algo debemos confesar ahora: a Juan Darién no se le amaba en el pueblo. La gente de los pueblos encerrados en la selva no gusta de los muchachos demasiado generosos y que estudian con toda el alma. Era, además, el primer alumno de la escuela. Y este conjunto precipitó el desenlace con un acontecimiento que dio razón a la profecía de la serpiente.

Se aprontaba el pueblo a celebrar una gran fiesta, y de la ciudad distante habían mandado fuegos artificiales. En la escuela se dio un repaso general a los chicos, pues un inspector debía venir a observar las clases. Cuando el inspector llegó, el maestro hizo dar la lección al primero de todos: a Juan Darién. Juan Darién era el alumno más aventajado; pero con la emoción del caso, tartamudeó y la lengua se le trabó con un sonido extraño. El inspector observó al alumno un largo rato, y habló enseguida en voz baja con el maestro.

-¿Quién es ese muchacho? –le preguntó-. ¿De dónde ha salido?

-Se llama Juan Darién –respondió el maestro- y lo crio una mujer que ya ha muerto; pero nadie sabe de dónde ha venido.

-Es extraño, muy extraño… -murmuró el inspector, observando el pelo áspero y el reflejo verdoso que tenían los ojos de Juan Darién cuando estaba en la sombra.

El inspector sabía que en el mundo hay cosas mucho más extrañas que las que nadie puede inventar, y sabía al mismo tiempo que con preguntas a Juan Darién nunca podría averiguar si el alumno había sido antes lo que él temía: esto es, un animal salvaje. Pero así como hay hombres que en estados especiales recuerdan cosas que les han pasado a sus abuelos, así era también posible que, bajo una sugestión hipnótica, Juan Darién recordara su vida de bestia salvaje. Y los chicos que lean esto y no sepan de qué se habla, pueden preguntarlo a las personas grandes.

Por lo cual el inspector subió a la tarima y habló así:

—Bien, niño. Deseo ahora que uno de ustedes nos describa la selva. Ustedes se han criado casi en ella y la conocen bien. ¿Cómo es la selva? ¿Qué pasa en ella? Esto es lo que quiero saber. Vamos a ver, tú —añadió dirigiéndose a un alumno cualquiera—. Sube a la tarima y cuéntanos lo que hayas visto.

El chico subió. Y aunque estaba asustado, habló un rato. Dijo que en el bosque hay árboles gigantes, enredaderas y florecillas. Cuando concluyó, pasó otro chico a la tarima, después otro. Y aunque todos conocían bien la selva, respondieron lo mismo, porque los chicos y muchos hombres no cuentan lo que ven, sino lo que han leído sobre lo mismo que acaban de ver, Y al fin el inspector dijo:

—Ahora le toca al alumno Juan Darién.

Juan Darién subió a la tarima, se sentó y dijo más o menos lo que los otros. Pero el inspector, poniéndole la mano sobre el hombro, exclamó:

—No, no. Quiero que tú recuerdes bien lo que has visto. Cierra los ojos.

Juan Darién cerró los ojos.

—Bien —prosiguió el inspector—. Dime lo que ves en la selva.

Juan Darién, siempre con los ojos cerrados, demoró un instante en contestar.

—No veo nada —dijo al fin.

—Pronto vas a ver. Figurémonos que son las tres de la mañana, poco antes del amanecer. Hemos concluido de comer, por ejemplo… estamos en la selva, en la oscuridad… Delante de nosotros hay un arroyo… ¿Qué ves?

Juan Darién pasó otro momento en silencio. Y en la clase y en el bosque próximo había también un gran silencio. De pronto Juan Darién se estremeció, y con voz lenta como si soñara, dijo:

-Veo las piedras que pasan y las ramas que se doblan... Y el suelo... Y veo las hojas secas que se quedan aplastadas sobre las piedras...

-¡Un momento –le interrumpió el inspector-. Las piedras y las hojas que pasan: ¿a qué altura las ves?

El inspector preguntaba esto porque si Juan Darién estaba "viendo" efectivamente lo que él hacía en la selva cuando era animal salvaje e iba a beber después de haber comido, vería también que las piedras que encuentra un tigre o una pantera que se acercan muy agachados al río pasan a la altura de los ojos. Y repitió:

-¿A qué altura ves las piedras?

Y Juan Darién, siempre con los ojos cerrados, respondió:

-Pasan sobre el suelo... Rozan las orejas... Y las hojas sueltas se mueven con el aliento... Y siento la humedad del barro en...

La voz de Juan Darién se cortó.

-¿En dónde? – preguntó con voz firme el inspector- ¿Dónde sientes la humedad del agua?

-¡En los bigotes! –dijo con voz ronca Juan Darién, abriendo los ojos espantado.

Comenzaba el crepúsculo, y por la ventana se veía cerca la selva ya lóbrega. Los alumnos no comprendieron lo terrible de aquella evocación; pero tampoco se rieron de esos extraordinarios bigotes de Juan Darién, que no tenía bigote alguno. Y no se rieron, porque el rostro de la criatura estaba pálido y ansioso.

La clase había concluido. El inspector no era un mal hombre; pero como todos los hombres que viven muy cerca de la selva, odiaba ciegamente a los tigres; por lo cual dijo en voz baja al maestro:

-Es preciso matar a Juan Darién. Es una fiera del bosque, simplemente un tigre. Debemos matarlo, porque si no, él, tarde o temprano, nos matará a todos. Hasta ahora su maldad de fiera no ha despertado; pero explotará un día u otro, y entonces nos devorará a todos, puesto que le permitimos vivir con nosotros. Debemos, pues, matarlo. La dificultad está en que no podemos hacerlo mientras tenga forma humana, porque no podremos probar ante todos que es un tigre. Parece un hombre, y con los hombres hay que proceder con cuidado. Yo sé que en la ciudad hay un domador de fieras. Llamémoslo, y él hallará modo de que Juan Darién vuelva a su cuerpo de tigre. Y aunque no pueda convertirlo en tigre, las gentes nos creerán y podremos echarlo a la selva. Llamemos en seguida al domador, antes que Juan Darién se escape.

Pero Juan Darién pensaba en todo, menos en escaparse, porque no se daba cuenta de nada. ¿Cómo podría creer que él no era hombre, cuando jamás había sentido otra cosa que amor a todos, y ni siquiera tenía odio a los animales dañinos?

Mas las voces fueron corriendo de boca en boca, y Juan Darién comenzó a sufrir sus efectos. No le respondían una palabra, se apartaban vivamente a su paso, y lo seguían desde lejos de noche.

-¿Qué tendré? ¿Por qué son así conmigo? –se preguntaba Juan Darién.

Y ya no solamente huían de él, sino que los muchachos le gritaban:

-¡Fuera de aquí! ¡Vuélvete de donde has venido! ¡Fuera!

Los grandes también, las personas mayores, no estaban menos enfurecidas que los muchachos. Quién sabe qué llega a pasar si la misma tarde de la fiesta no hubiera llegado por fin el ansiado domador de fieras. Juan Darién estaba en su casa preparándose la pobre sopa que tomaba, cuando oyó la gritería de las gentes que avanzaban precipitadas hacia su casa. Apenas tuvo tiempo de salir a ver qué era: Se apoderaron de él, arrastrándolo hasta la casa del domador.

¡Aquí está! -gritaban, sacudiéndolo- ¡Es éste! ¡Es un tigre! ¡No queremos saber nada con tigres! ¡Quítele su figura de hombre y lo mataremos!

Y los muchachos, sus condiscípulos a quienes más quería, y las mismas personas viejas, gritaban:

-¡Es un tigre! ¡Juan Darién nos va a devorar! ¡Muera Juan Darién!

Juan Darién protestaba y lloraba porque los golpes llovían sobre él, y era una criatura de doce años. Pero en ese momento la gente se apartó, y el -¡Ah! domador, con grandes botas de charol, levita roja y un látigo en la mano, surgió ante Juan Darién. El domador lo miró fijamente, y apretó con fuerza el puño del látigo.

-¡Ah! –exclamó-. ¡Te reconozco bien! ¡A todos puedes engañar, menos a mí! ¡Te estoy viendo hijo de tigre! ¡Bajo tu camisa estoy viendo las rayas de tigre! ¡Fuera la camisa, y traigan los perros cazadores! ¡Veremos ahora si los perros te reconocen como hombre o como tigre!

En un segundo arrancaron toda la ropa a Juan Darién y lo arrojaron dentro de la jaula para fieras.

-¡Suelten los perros, pronto! –gritó el domador-. ¡Y encomiéndate a los dioses de tu selva, Juan Darién!

Y cuatro feroces perros cazadores de tigres fueron lanzados dentro de la jaula.

El domador hizo esto porque los perros reconocen siempre el olor del tigre, y en cuanto olfatearan a Juan Darién sin ropa, lo harían pedazos, pues podrían ver con sus ojos de perros cazadores las rayas de tigre ocultas bajo la piel de hombre.

Pero los perros no vieron otra cosa en Juan Darién que el muchacho bueno que quería hasta a los mismos animales dañinos. Y movían apacibles la cola al olerlo.

-¡Devóralo! ¡Es un tigre! ¡Toca! ¡Toca! –gritaban a los perros-. Y los perros ladraban y saltaban enloquecidos por la jaula, sin saber a qué atacar.

La prueba no había dado resultado.

-¡Muy bien! –exclamó entonces el domador-. Estos son perros bastardos, de casta de tigre. No le reconocen. Pero yo te reconozco, Juan Darién, y ahora nos vamos a ver nosotros.

Y así diciendo entró él en la jaula y levantó el látigo.

-¡Tigre! –gritó-. ¡Estás ante un hombre, y tú eres un tigre! ¡Allí estoy viendo, bajo tu piel robada de hombre, las rayas de tigre! ¡Muestra las rayas!

Y cruzó el cuerpo de Juan Darién de un feroz latigazo. La pobre criatura desnuda lanzó un alarido de dolor, mientras las gentes, enfurecidas, repetían:

-¡Muestra las rayas de tigre!

Durante un rato prosiguió el atroz suplicio; y no deseo que los niños que me oyen vean martirizar de este modo a ser alguno.

-¡Por favor! ¡Me muero! –clamaba Juan Darién.

-¡Muestra las rayas! –le respondían.

Por fin el suplicio concluyó. En el fondo de la jaula, arrinconado, aniquilado en un rincón, sólo quedaba su cuerpecito sangriento de niño, que había sido Juan Darién. Vivía aún, y aún podía caminar cuando se le sacó de allí; pero lleno de tales sufrimientos como nadie los sentirá nunca.

Lo sacaron de la jaula, y empujándolo por el medio de la calle, lo echaban del pueblo. Iba cayéndose a cada momento, y detrás de él iban los muchachos, las mujeres y los hombres maduros, empujándolo.

-¡Fuera de aquí, Juan Darién! ¡Vuélvete a la selva, hijo de tigre y corazón de tigre! ¡Fuera, Juan Darién!

Y los que estaban lejos y no podían pegarle, le tiraban piedras.

Juan Darién cayó del todo, por fin, tendiendo en busca de apoyo sus pobres manos de niño. Y su cruel destino quiso que una mujer, que estaba parada a la puerta de su casa sosteniendo en los brazos a una inocente criatura, interpretara mal el ademán de súplica.

-¡Me ha querido robar a mi hijo! –gritó la mujer-. ¡Ha tendido las manos para matarlo! ¡Es un tigre! ¡Matémosle en seguida, antes que él mate a nuestros hijos!

Así dijo la mujer. Y de este modo se cumplía la profecía de la serpiente: Juan Darién moriría cuando una madre de los hombres le exigiera la vida y el corazón de hombre que otra madre le había dado con su pecho.

No era necesaria otra acusación para decidir a las gentes enfurecidas. Y veinte brazos con piedras en la mano se levantaban ya para aplastar a Juan Darién cuando el domador ordenó desde atrás con voz ronca:

-¡Marquémoslo con rayas de fuego! ¡Quemémoslo en los fuegos artificiales!

Ya comenzaba a oscurecer, y cuando llegaron a la plaza era de noche cerrada. En la plaza habían levantado un castillo de fuegos de artificio, con ruedas, coronas y luces de bengala. Ataron en lo alto del centro a Juan Darién, y prendieron la mecha desde un extremo. El hilo de fuego corrió velozmente subiendo y bajando, y encendió el castillo entero. Y entre las estrellas fijas y las ruedas gigantes de todos colores, se vio allá arriba a Juan Darién sacrificado.

-¡Es tu último día de hombre, Juan Darién! –clamaban todos-. ¡Muestra las rayas!

-¡Perdón, perdón! –gritaba la criatura, retorciéndose entre las chispas y las nubes de humo. Las ruedas amarillas, rojas y verdes giraban vertiginosamente, unas a la derecha y otras a la izquierda. Los chorros de fuego tangente trazaban grandes circunferencias; y en medio, quemado por los regueros de chispas que le cruzaban el cuerpo, se retorcía Juan Darién.

–¡Muestra las rayas! –rugían aún de abajo.

–¡No, perdón! ¡Yo soy hombre! –tuvo aún tiempo de clamar la infeliz criatura. Y tras un nuevo surco de fuego, se pudo ver que su cuerpo se sacudía convulsivamente; que sus gemidos adquirían un timbre profundo y ronco; y que su cuerpo cambiaba poco a poco de forma. Y la muchedumbre, con un grito salvaje de triunfo, pudo ver surgir por fin, bajo la piel del hombre, las rayas negras, paralelas y fatales del tigre.

La atroz obra de crueldad se había cumplido; habían conseguido lo que querían. En vez de la criatura inocente de toda culpa, allá arriba no había sino un cuerpo de tigre que agonizaba rugiendo.

Las luces de bengala se iban también apagando. Un último chorro de chispas con que moría una rueda alcanzó la soga atada a las muñecas (no: a las patas del tigre, pues Juan Darién había concluido), y el cuerpo cayó pesadamente al suelo. Las gentes lo arrastraron hasta la linde del bosque, abandonándolo allí para que los chacales devoraran su cadáver y su corazón de fiera.

Pero el tigre no había muerto. Con la frescura nocturna volvió en sí, y arrastrándose presa de horribles tormentos se internó en la selva. Durante un mes entero no abandonó su guarida en lo más tupido del bosque, esperando con sombría paciencia de fiera que sus heridas curaran. Todas cicatrizaron por fin, menos una, una profunda quemadura en el costado, que no cerraba, y que el tigre vendó con grandes hojas. Porque había conservado de su forma recién perdida tres cosas: el recuerdo vivo del pasado, la habilidad de sus manos, que manejaba como un hombre, y el lenguaje. Pero en el resto, absolutamente en todo, era una fiera, que no se distinguía en lo más mínimo de los otros tigres.

Cuando se sintió por fin curado, pasó la voz a los demás tigres de la selva para que esa misma noche se reunieran delante del gran cañaveral que lindaba con los cultivos. Y al entrar la noche se encaminó silenciosamente al pueblo. Trepó a un árbol de los alrededores y esperó largo tiempo inmóvil. Vio pasar bajo él sin inquietarse a mirar siquiera, pobres mujeres y labradores fatigados, de aspecto miserable; hasta que al fin vio avanzar por el camino a un hombre de grandes botas y levita roja.

El tigre no movió una sola ramita al recogerse para saltar. Saltó sobre el domador; de una manotada lo derribó desmayado, y cogiéndole entre los dientes por la cintura, lo llevó sin hacerle daño hasta el juncal.

Allí, al pie de las inmensas cañas que se alzaban invisibles, estaban los tigres de la selva moviéndose en la oscuridad, y sus ojos brillaban como luces que brillaban de un lado para otro. El hombre proseguía desmayado. El tigre dijo entonces:

-Hermanos: Yo viví doce años entre los hombres, como un hombre mismo. Y yo soy un tigre. Tal vez pueda con mi padecer borrar más tarde esta mancha. Hermanos: esta noche rompo el último lazo que me liga al pasado.

Y después de hablar así, recogió en la boca al hombre, que proseguía desmayado, y trepó con él a lo más alto del cañaveral, donde lo dejó atado entre dos bambúes. Luego prendió fuego a las hojas secas del suelo, y pronto una llamarada crujiente ascendió. Los tigres retrocedían espantados ante el fuego. Pero el tigre les dijo: "¡Paz, hermanos!", y aquéllos se apaciguaron, sentándose de vientre con las patas cruzadas a mirar.

El juncal ardía como un inmenso castillo de artificio. Las cañas estallaban como bombas, y sus gases se cruzaban en agudas flechas de color. Las llamaradas ascendían en bruscas y sordas bocanadas, dejando bajo ellas lívidos huecos; y en la cúspide, donde aún no llegaba el fuego, las cañas se balanceaban crispadas por el calor.

Pero el hombre, tocado por las llamas, había vuelto en sí. Vio allá abajo a los tigres con los ojos cárdenos alzados a él, y lo comprendió todo.

-¡Perdón, perdóname! –aulló retorciéndose-. ¡Pido perdón por todo!

Nadie contestó. El hombre se sintió entonces abandonado de Dios, y gritó con toda su alma:

-¡Perdón, Juan Darién!

Al oír esto, Juan Darién alzó la cabeza y dijo fríamente:

-Aquí no hay nadie que se llame Juan Darién. No conozco a Juan Darién. Éste es un nombre de hombre, y aquí somos todos tigres.

Y volviéndose a sus compañeros, como si no comprendiera, preguntó:

-¿Alguno de ustedes se llama Juan Darién?

Pero ya las llamas habían abrasado el castillo hasta el cielo. Y entre las agudas luces de bengala que entrecruzaban la pared ardiente, se pudo ver allá arriba un cuerpo negro que se quemaba humeando.

-Ya estoy pronto, hermanos –dijo el tigre-. Pero aún me queda algo por hacer.

Y se encaminó de nuevo al pueblo, seguido por los tigres sin que él lo notara. Se detuvo ante u pobre y triste jardín, saltó la pared, y pasando al costado de muchas cruces y lápidas, fue a detenerse ante un pedazo de tierra sin ningún adorno, donde estaba enterrada la mujer a quien había llamado madre ocho años. Se arrodilló –se arrodilló como un hombre-, y durante un rato no se oyó nada.

-¡Madre! –murmuró por fin el tigre con profunda ternura-. Tú sola supiste, entre todos los hombres, los sagrados derechos de la vida de todos los seres del Universo. Tú sola comprendiste que el hombre y el tigre se diferencian únicamente por el corazón. Y tú me enseñaste a amar, a comprender, a perdonar. ¡Madre!, estoy seguro de que me oyes. Soy tu hijo siempre, a pesar de lo que pase en adelante pero de ti sólo. ¡Adiós, madre mía!

Y viendo al incorporarse los ojos cárdenos de sus hermanos que lo observaban tras la tapia, se unió otra vez a ellos.

El viento cálido les trajo en el momento, desde el fondo de la noche, el estampido de un tiro.

-Es en la selva – dijo el tigre-. Son los hombres. Están cazando, matando, degollando. Volviéndose entonces hacia el pueblo que iluminaba el reflejo de la selva encendida, exclamó:

-Raza sin redención! ¡Ahora me toca a mí!

Y retornando a la tumba en que acaba de orar, se arrancó de un manotón la venda de la herida y escribió en la cruz con su propia sangre, en grandes caracteres, debajo del nombre de su madre:

Y

JUAN DARIÉN

-Ya estamos en paz –dijo. Y enviando con sus hermanos un rugido de desafío al pueblo aterrado, concluyó:

-Ahora, a la selva. ¡Y tigre para siempre!

Del libro *El desierto*, 1924

EJERCICIOS PARA DISCUTIR EN LA CLASE

I. Investiga sobre la biografía y obra literaria de Horacio Quiroga.

Fecha de nacimiento y muerte: _____

Nacionalidad: _____

¿En qué región vivió la mayor parte de su vida? _____

¿Qué géneros literarios cultivó? _____

_____

¿Cuál es su temática principal? _____

¿Has leído otro cuento del autor? Indica el título: _____

_____

Comenta para la clase de qué trata: _____

_____

_____

_____

¿Te pareció interesante? Explica ¿por qué?

_____

_____

_____

_____

_____

II. Ya habrás hecho una primera lectura del cuento de Quiroga para identificar las palabras que no entiendes y realizar una búsqueda en el diccionario. Además, sugerimos buscar las que aparecen a continuación. La investigación de este vocabulario se puede hacer utilizando el DRAE (*Diccionario de la Real Academia Española*) u otro de los recursos disponibles en línea.

adherido - _____

_____

rebozo - _____

_____

precipitado - _____

_____

apacible - _____

_____

bastardo - _____

_____

atroz -_____

_____

tangente - _____

_____

chacal - _____

_____

juncal - _____

_____

desafío - _____

_____

III. Busca también la palabra **levita** y escribe oraciones utilizando las diferentes **acepciones** de esta palabra:

1. Del verbo levitar

_____

2. Perteneciente a la tribu de Leví

_____

3. Pieza de vestir

_____

IV. Después de haber leído el cuento *Juan Darién* de Horacio Quiroga identifica y escribe:

Cinco ejemplos de discurso de odio:

1. _____

2. _____

3. _____

4. _____

5. _____

Tres ejemplos de discurso discriminatorio:

1. _____

2. _____

3. _____

Tres ejemplos de discurso de amor:

1. _____

2. _____

3. _____

V. Investiga algunas noticias sobre crueldad contra animales para comentarlas en la clase.

_____

_____

_____

_____

_____

_____

_____

_____

_____

_____

_____

_____

VI. ¿Qué significado tiene la figura de la madre de Juan Darién?

_____

_____

_____

_____

_____

_____

VII. ¿Cuál es la idea central del cuento?

_____

_____

_____

_____

_____

_____

_____

VIII. ¿Crees que este cuento tiene vigencia hoy? Explica ¿por qué? Habla sobre el "bullying".

_____

_____

_____

_____

_____

_____

IX. ¿Qué mensaje nos quiso dar el autor?

_____

_____

_____

X. Menciona ¿qué parte del cuento *Juan Darién* te ha impactado más?

_____

_____

_____

_____

_____

_____

_____

_____

XI. ¿Cuál es la visión del mundo del autor? ¿Optimista o pesimista? Explica ¿por qué?

_____

_____

_____

_____

_____

_____

_____

_____

XII. Escribe un párrafo descriptivo de comparación y contraste, donde expliques cómo Quiroga presenta en el cuento el comportamiento de los seres humanos y el de los animales.

_____

_____

_____

_____

_____

_____

_____

_____

_____

_____

_____

_____

_____

_____

_____

_____

_____

_____

_____

CAPÍTULO IX
EL RESUMEN

Un resumen es una exposición breve en la que se incluyen solo las ideas principales del original. Por lo tanto, un buen resumen se hace a partir de identificar las ideas centrales del original. Luego, ese contenido se extracta, en el menor número de palabras posible.

Es importante que el resumen refleje las ideas del original, en otras palabras, que no se diga una cosa por otra o se cambie el sentido de lo que dice el autor del original. También hay que tener cuidado de no añadir al resumen información, ejemplos, interpretaciones u opiniones. Debes hacer referencia al autor o autora del original para evitar incurrir en plagio.

EJERCICIO I

A. Lee el siguiente ensayo.

LENGUA, LENGUAJE Y DISCURSOS

por Isabel Parera

No voy a escribir una disertación para saber ¿por dónde le entra el agua al coco? Tampoco esto es un *gufeo* (término que no aparece en el DRAE, Diccionario de la Real Academia Española, que tiene sus limitaciones); y de seguro tampoco será *más de lo mismo* para marear o dormir a estudiantes *prepas*. Simplemente, necesitamos comprender algunos conceptos que nos permitirán hacer mejor uso de la lengua (hablada y escrita).

Para empezar, entendamos que nos referimos a nuestra lengua española. Ya más nuestra que española, sin quitarle méritos a sus orígenes, tenemos que reconocer las múltiples influencias que la han ido transformando a causa del tiempo, la expansión geográfica, la tecnología, la política, etc. Convirtiéndose en la lengua más hablada, más variada, mixta y plástica del planeta. Y dando lugar a una amplia gama de manifestaciones literarias o literaturas con semejantes cualidades en nuestro idioma.

No tiene la menor importancia que vivamos en El Caribe, en Sur o Centro América, en España o que seamos parte de la diáspora latina de los Estados Unidos o de Europa; tampoco importa el acento que tengamos al hablar. La lengua nos unifica en una comunidad humana de hispanohablantes.

El lenguaje es la facultad de expresión y comunicación en un idioma determinado. Pero el concepto de lenguaje no debe limitarse a lo lingüístico. Hay múltiples lenguajes; por ejemplo, el lenguaje corporal expresa y comunica estados de ánimo e intenciones; el lenguaje de señas es utilizado por sordo-mudos para su comunicación, etc. Cada lenguaje consta de códigos y signos relacionados en un sistema.

De igual forma el lenguaje hablado o escrito, consta de las palabras que se interrelacionan entre sí en la oración. Y la gramática es el sistema que nos provee las reglas y la forma en que las palabras se ordenan dentro de la oración. En la comunicación escrita, los errores quedan como testimonio de nuestra ignorancia. Por eso es esencial que en la formación lingüística de los estudiantes, además de ampliar su léxico o vocabulario, conozcan la gramática, que es el sistema a través del cual logramos expresarnos y comunicarnos con claridad y corrección. En la comunicación oral o lenguaje hablado nos sentimos más libres, se piensa que es efímero, de corta duración, como si las palabras se las llevara el viento. De ahí que haya tanto descuido al hablar y tantos malos entendidos en la interacción comunicativa.

En los diferentes discursos (sea descriptivo, narrativo, expositivo o argumentativo), es importante el léxico que se utilice para expresar las ideas o sentimientos. Porque no siempre estamos conscientes del impacto de nuestras palabras. Aunque sea en forma de chiste, la guachafita cabrea y divide. Cuando decimos el negro ese, la mulata, los jinchos, de pelo bueno o de pelo malo, el tecato, el drogo, el pato, el mariquita, la loquita, la loca, la loca como una cabra, la pata, una fulana, el fulano, la gente de caserío, el don nadie, los aleluyas, los gusanos, cubano pero buena gente, los cafres, la chusma, la plebe, la gentuza, el pelado, la enanita, el enano, la gorda, la gordita, el gordo fofo, el anormal, el retrasado mental, la doñita, el viejo apestoso, el niño bobo o el machito, la niña fresa, la marimacho, la mujerzuela, el fleje, la mujer fácil, la que está mala, la que está buena, el bombón, la fea, el feo, de clase alta (o baja), el pobrete, el muerto de hambre, el chino, el cholo, los extranjeros ilegales, el animal, el bruto, el estúpido, la bruja, la mala sombra… decimos palabras cargadas de una agresividad destructiva, capaz de acabar con la estima de cualquiera. Y no solo resulta en daño moral y psicológico a individuos, también causamos daño a la sociedad fomentando prejuicios de todo tipo: raciales, xenófobos, clasistas, por edad, por apariencia, machistas o misóginos y homófobos. Además, el uso de estas expresiones rebota contra el hablante, que deja al descubierto su falta de sensibilidad y educación.

En fin, que tenemos que ser conscientes de que la lengua es un instrumento de comunicación poderoso y es nuestra responsabilidad saber usarla. Quizás debemos preguntarnos cuáles son nuestras aspiraciones, vivir en una sociedad equilibrada e inclusiva, donde haya respeto y paz, o fomentar el odio.

B. Subraya las ideas centrales o principales de cada párrafo.

C. Utilizando las ideas principales de la autora, redacta un resumen en tus palabras. Recuerda hacer referencia a la autora, para que no incurras en plagio.

D. Para tu conocimiento investiga sobre la biografía y obra de la autora. Pero no incluyas esa información en tu resumen, ya que no pertenece al texto.

RESUMEN

_____

_____

_____

_____

_____

_____

_____

_____

EJERCICIO II

Establece cuál es la tesis o proposición del texto:

_____

_____

_____

_____

EJERCICIO III

En el sexto párrafo de _Lengua, lenguaje y discursos_ encontrarás una serie de palabras o expresiones que debes clasificar a continuación.

Expresiones que fomentan la discriminación racial o racismo :

_____

_____

_____

_____

Expresiones que fomentan la homofobia:

_____

_____

_____

_____

Expresiones que fomentan la misoginia:

_____

_____

_____

Expresiones que fomentan la xenofobia:

_____

_____

_____

_____

Expresiones que fomentan otros tipos de discrimen social:

_____

_____

_____

_____

Capítulo X
LA PARÁFRASIS

La paráfrasis es una explicación o interpretación amplificativa de un texto para ilustrarlo o hacerlo más claro o inteligible.

Para parafrasear un texto tienes que saber de qué trata, conocer a fondo su contenido, por lo tanto, no bastará con una lectura por encima. Una segunda lectura te ayudará a identificar las ideas centrales de cada párrafo, a partir de las cuales podrás interpretar mejor y explicar a cabalidad el contenido del texto original.

EJERCICIOS

Para parafrasear sigue los siguientes pasos:

A. Lee el texto, prestando atención a su contenido.

Por todos los lados rodean y acosan a los hombres los vicios; sin permitirles enderezarse ni siquiera alzar los ojos hacia la verdad, antes los tienen hundidos en el ciénago de la codicia, sin dejarles nunca volver en sí mismos. Si por azar alguna vez sobreviene la calma, las olas siguen llevándolos de aquí para allá, y sus pasiones no les dejan nunca en reposo, como en alta mar, donde aún después de amainar el viento sigue el oleaje.

De *La brevedad de la vida* de Séneca

B. Busca en el diccionario cualquier palabra que no entiendas. Te sugerimos buscar:

ciénago - _____

codicia - _____

azar - _____

sobrevenir - _____

amainar - _____

Ahora comprendes mejor el texto original ¿verdad?

C. Redacta la idea central de cada párrafo. (En este caso es un solo párrafo).

_____

_____

_____

_____

_____

_____

_____

D. Identifica el tema.

Tema: _____

E. Medita sobre el tema.

F. Parafrasea el texto explicando detalladamente las ideas del autor <u>en tus palabras</u>. Una explicación de un texto será, por lo general, más extensa que el original.

G. Investiga sobre la biografía y obra del autor para que puedas hacer referencia de estas en tu escrito.

H. Asegúrate de mencionar el nombre del autor para que no incurras en plagio.

Fíjate, cuando estés escribiendo un trabajo de mayor envergadura; un ensayo, una monografía o hasta una tesis; este recurso te servirá para comentar las fuentes de referencia.

PARÁFRASIS

CAPÍTULO XI
LA PROSIFICACIÓN

Es una paráfrasis de un texto escrito en verso. Mediante la prosificación explicas en detalle el contenido de cada estrofa de un poema.

EJERCICIOS

A. Lee detenidamente el poema:

ZAPATERO*

por Áxel Alfaro

tú me miras con tus ojos rosacruces

y yo, porque en secreto te quiero matar,

digo zapatero

y lo digo como si vaciara una palangana

para que relinches y te levantes de tu

asiento:

zapatero zapatero zapatero

porque me imaginé un país de enanos

donde eso es muy grave insulto

y comienzo a darme cuenta que mientras

lo digo

voy clavando con cada palabra el zapato:

zapatero zapatero zapatero

¿lo vez?

como un insulto

*Previamente publicado en **Derivas**.

100

B. Investiga sobre los datos biográficos y la obra del autor, para que hagas una breve referencia en tu escrito.

C. Medita sobre el contenido del poema. Trata de conectar con los sentimientos del poeta.

D. Luego, redacta tu prosificación, explicando en tus palabras, lo que quiere decir el poeta, qué mensaje quiere dar. No olvides mencionar el nombre del poeta, para que no incurras en plagio.

PROSIFICACIÓN

_____

_____

_____

_____

_____

_____

_____

_____

_____

_____

_____

_____

_____

_____

_____

_____

_____

_____

_____

_____

_____

_____

_____

_____

F. ¿Te has preguntado por qué el poeta rompe con las reglas de la gramática al escribir el poema? No usa letra inicial mayúscula ni signos de puntuación. Ni siquiera utiliza un punto final.

Investiga en línea ¿qué es la licencia poética?

_____

_____

_____

_____

_____

_____

_____

_____

_____

_____

I. Lee el cuento:

Doña María Navarra Bosch

por Isabel Parera

Mi abuela María era una mujer obstinada.

Me contaba que la primera vez que vio a mi abuelo, supo que él era su hombre. De nada sirvieron la oposición de su hermano mayor ni los ruegos de su madre, la testaruda de María se fugó y se casó con aquel forastero del otro lado del río Llobregat, un aventurero, que más rápido que ligero se fue a América tras las obras, tras el trabajo, tras el dinero. Fue a dar a la Argentina.

María exigió su parte de la herencia y tomó el primer barco que zarpó para seguir a su hombre. En Argentina volvieron a ser felices y nació Jaime (mi padre). Pero Francisco la dejó por segunda vez, cuando se fue a Cuba tras las obras, tras el trabajo, tras el dinero.

Ella, ni corta ni perezosa aprendió a hacer muy buen puchero y limpiaba pisos y hasta llegó a servir el vino a los hombres en una taguara de Salta. En cuanto juntó para el pasaje se fue a Cuba tras su hombre.

Me contaba mi abuela, mínimo cuatro veces al día, que en la travesía de Argentina a Cuba hubo una tormenta y que el sillón donde estaba sentada se movía de babor a estribor y que el barco parecía de papel entre las gigantes olas. Estuvieron a punto de zozobrar. Ella apretaba al chiquillo contra su pecho, por miedo a que el mar se lo arrebatara. Y así estuvo, hasta que el mar se calmó. Y me decía que por eso ellos eran tan apegados, porque ella siempre llevaba muy junto a su pecho, a su único varón.

Ella tenía varias versiones de ese cuento Como se hablara de un viaje en avión, brincaba del siglo XIX al XX para decir que ella había llegado a Cuba en avión, que hubo una tormenta que parecía que el avión se iba a caer… Pero cuando llegaba al sillón que se movía de babor a estribor… ¡ah!, recordaba que en aquellos tiempos todavía no existían las aeronaves y me hacía el cuento una vez más con fe de erratas.

Yo la escuchaba con fascinación, como si fuera la primera vez que oía aquella historia, y sobre todo con una combinación de cariño y respeto, rara en estos días en que los jóvenes no conocen sus orígenes porque no se detienen a escuchar a los viejos.

II. Estudia el vocabulario del cuento.

A. Busca los sinónimos de:

obstinado - _____

forastero - _____

zarpar - _____

testaruda - _____

puchero - _____

taguara - _____

travesía - _____

zozobrar - _____

B. Investiga los significados de:

babor - _____

estribor - _____

C. Investiga ¿qué significa la expresión **fe de erratas**?

_____

_____

_____

III. ¿Qué valores familiares y humanos encierra el cuento?

_____

_____

IV. ¿Cuál es la moraleja o enseñanza del cuento?

_____

_____

LOS TIEMPOS DEL PASADO

PRETERITO PERFECTO SIMPLE

Se utiliza para indicar una acción pasada que terminó definitivamente.

Ejemplos:

Terminé el trabajo.

Comí y me acosté.

PRETERITO IMPERFECTO

Se utiliza en el caso de acciones pasadas que duraron por un período prolongado de tiempo; o en el caso de acciones repetitivas en el pasado.

Ejemplos:

Cuando era niña, visitaba a los abuelos todos los domingos.

Note que "todos los domingos" indica la frecuencia y repetición de la acción de visitar en el pasado, por eso tenemos que usar el pretérito imperfecto de visitar: visitaba.

Por otro lado, "cuando era niña" indica que ese período de tiempo de la niñez fue un tiempo pasado prolongado.

Otros ejemplos:

Ella vivía en San Juan. – Indica que vivía en San Juan por un tiempo prolongado en el pasado.

En cambio, para expresar que la acción pasada sucedió y terminó definitivamente, la oración sería:

Ella vivió en San Juan. - Pretérito perfecto simple.

PRETERITO PERFECTO

Se utiliza para expresar acciones ocurridas en el pasado y que perduran en el presente.

Se forma con el presente del verbo auxiliar haber + el pasado participio de otro verbo.

Ejemplos:

ha trabajado

ha comido

ha ocurrido

PRETERITO PLUSCUAMPERFECTO

Indica una acción pasada ocurrida con anterioridad a otra también pasada, es decir, con anterioridad a otro tiempo pretérito.

Ejemplo:

Cuando llegué, ya había muerto.

Había salido al pasillo, cuando escuché el teléfono.

EJERCICIOS

Cuando se escribe una narración, estamos contando anécdotas del pasado, por consiguiente se utilizan los diferentes tiempos del pasado. En el cuento de Isabel Parera titulado *Doña María Navarra Bosch* encontrarás:

I. Dos oraciones en las que se use el **pretérito perfecto simple**.

1. _____

_____

2. _____

_____

II. Dos oraciones en el **imperfecto**.

1. _____

_____

2. _____

_____

III. Una oración en la que se utilice el **pretérito pluscuamperfecto**.

_____

_____

IV. Escribe dos oraciones en las que utilices el **pretérito perfecto**.

1. _____

_____

2. _____

_____

V. Habla con uno de tus abuelos (u otro anciano de tu familia). Pídele que te cuente un episodio de su vida. Escúchalo con atención. Luego redacta la historia. Verás cuán interesante son sus memorias. Utiliza las diferentes formas verbales del pasado.

Capítulo XIII
EXPRESIONES VARIABLES

Las variables son expresiones semejantes en pronunciación, pero de diferentes significados y usos. La duda y los errores son frecuentes, no solo para los estudiantes, sino también entre escritores más experimentados. A continuación incluimos varios ejemplos de expresiones variables y ejercicios para que elijas cuál es la palabra o grupo de palabras que debe ser parte de la oración.

EXPLICACIÓN Y PRÁCTICA

1. Expresiones variables

- a - responde a quién, a quiénes, adónde y también se usa entre el verbo ir y un infinitivo para expresar una acción futura
- ¡ah! - denota pena, dolor, desilusión
- ha - del verbo haber, se utiliza como auxiliar

Selecciona la expresión apropiada:

a. (A / ¡Ah! / Ha), no me digas que no viajarás con nosotros este verano.

b. Le dije (a / ah / ha) Yolanda que fuera

c. (a / ah / ha) la biblioteca

d. García Márquez (a / ah / ha) escrito varias novelas.

e. Vamos (a / ah / ha) estudiar en equipo.

2. Expresiones variables:

- adiós - de despedida
- a Dios - se refiere a deidad

Selecciona la expresión apropiada:

a. Cuando me dijo (a Dios / adiós), supe que era para siempre.

b. Pídele (adiós / a Dios) la paz que necesitas.

3. Expresiones variables:

- ¿adónde? - expresión interrogativa
- a donde - para denotar lugar, destino

Selecciona la expresión apropiada:

a. (¿Adónde / a donde) vas tan de prisa?

b. Iremos (adónde / a donde) tú quieras.

4. Expresiones variables:

- afín - semejante, con afinidad
- a fin - para que, con el fin de, al finalizar
- al fin - por fin, finalmente, al final, por último

Selecciona la expresión apropiada:

a. Su carácter es (afín / a fin) al mío.

b. Repetimos el ejercicio (afín / a fin) de practicar más.

c. (A fin / Al fin / Afín) de año celebraremos.

d. (Afín / Al fin / A fin) terminamos el proyecto.

5. Expresiones variables:

- allá - adv. de lugar

- halla - del verbo hallar, encontrar
- haya - del verbo haber

Selecciona la expresión apropiada:

a. El puerto queda por (haya / allá / halla).

b. Mi hermano (haya / allá / halla) todo lo que se pierde en la casa.

c. Enseñaremos mientras (allá / haya / halla) tiempo.

6. Expresiones variables:

- aparte - separado, además
- a partes - en partes

Selecciona la expresión apropiada:

a. Me gustaría tener un cuarto (aparte / a partes) en la residencia.

b. Dividiremos el pastel (aparte / a partes) iguales.

c. (A partes / Aparte) del viaje, quisiéramos dinero.

7. Expresiones variables:

- apenas - escasamente, casi no, o del verbo apenar
- a penas - con gran esfuerzo

Selecciona la expresión apropiada:

a. (A penas / Apenas) entendí la obra de teatro.

b. (A penas / Apenas) y sacrificios ganó una medalla olímpica.

c. Tú (apenas / a penas) a tu familia con tu comportamiento.

8. Expresiones variables:

- aprobado - nota, calificación
- ha probado - de intentar o experimentar una cosa, de degustar
- ha aprobado - alguien que ha pasado un examen

Selecciona la expresión apropiada:

a. Aunque por poco me cuelgo, obtuve la nota de (ha probado / aprobado).

b. Juan (aprobado / ha aprobado / ha probado) su primer año universitario.

c. Ella (ha aprobado / ha probado) varios oficios, pero ninguno le gusta.

9. Expresiones variables:

- aprobar - dar por bueno o competente,

  sacar un aprobado
- a probar - de intentar, de degustar

Selecciona la expresión apropiada:

a. (Aprobar / a probar) los exámenes debe ser tu prioridad.

b. Vamos (aprobar / a probar) los postres.

10. Expresiones variables:

- aprueba - del verbo aprobar
- a prueba - tentativamente

Selecciona la expresión apropiada:

a. Su padre no (a prueba / aprueba) el noviazgo.

b. En un empleo nuevo estás tres meses (a prueba / aprueba).

11. Expresiones variables:

- atravesar - verbo, cruzar
- a través (de) - por medio de

Selecciona la expresión apropiada:

a. Debes (a través de / atravesar) la calle por la esquina.

b. Consiguió la visa (a través del / al atravesar el) consulado de su país.

12. Expresiones variables:

- asimismo - igualmente o también
- así mismo - de la misma forma
- a sí mismo - por él mismo

Selecciona la expresión apropiada:

a. El hombre debe respetarse (asimismo / así mismo / a sí mismo).

b. De la manera en que jugó, (asimismo / así mismo / a sí mismo) ganó.

c. Sobresale como artista (asimismo / así mismo / a sí mismo) como médico.

13. Expresiones variables:

- ¡ay! - denota dolor
- hay - del verbo haber
- ahí - adverbio de lugar

Selecciona la expresión apropiada:

a. (¡Ay! / Hay / Ahí) varias asignaciones para este fin de semana.

b. Las llaves que buscabas, están (¡ay! / hay / ahí).

c. (¡Ay! / Hay /Ahí), me lastimé la rodilla.

14. Expresiones variables:

- ciempiés - lombriz
- cien pies - medida

Selecciona la expresión apropiada:

a. El almacén mide (ciempiés / cien pies) cuadrados.

b. El (ciempiés / cien pies) es una especie de lombriz.

15. Expresiones variables:

- cien - número, centena
- sien - cada una de las partes de la cabeza

    entre la frente, orejas y mejillas

Selecciona la expresión apropiada:

a. ¿Me prestas (cien / sien) dólares?

b. Perdió el conocimiento cuando se golpeó la (cien / sien).

16. Expresiones variables:

- ciento - un ciento
- cientos - varios o muchos cientos
- siento - del verbo sentir

Selecciona la expresión apropiada:

a. (Ciento / Cientos / Siento) mucho lo que pasó.

b. (Ciento / Cientos / Siento) acudieron a ayudar a las víctimas del terremoto.

c. "Más vale un pájaro en mano, que un (ciento / cientos / siento) volando".

17. Expresiones variables:

- como - del verbo comer, igual a, modo
- ¿cómo? - expresión interrogativa

Selecciona la expresión apropiada:

a. (¿Cómo / Como) vas a lograr tus metas?

b. No dudes ni un segundo, tú triunfarás (como / cómo) han triunfado otros.

c. Arturo estudia (cómo / como) si su cerebro fuera una computadora.

d. (Cómo / Como) vegetales frescos en el almuerzo.

18. Expresiones variables:

- conque - por lo tanto
- con que - con el cual, con la cual
- ¿con qué? - expresión interrogativa

Selecciona la expresión apropiada:

a. Ese es el traje (conque / con que / ¿con qué?) se casó.

b. Te lo advertí, (conque / con que / ¿con qué?) ya lo sabes.

c. (Conque / Con que / ¿Con qué) se sienta la cucaracha?

d. No sé (conque / con que / con qué) dinero voy a comprar los libros.

19. Expresiones variables:

- convino - convenir
- combino - armonizar, combinar
- con vino - acompañado con vino (bebida)

Selecciona la expresión apropiada:

a. Las carnes se sirven (convino / combino / con vino).

b. (Convino / Combino / Con vino) la ropa lo mejor que puedo.

c. La profesora (convino / combino / con vino) en eliminar la nota más baja.

20. Expresiones variables:

- cuando - tiempo o punto en que tiene lugar
   una acción
- ¿cuándo? - expresión interrogativa

Selecciona la expresión apropiada:

a. Quiero que me digas (cuando / cuándo) nos harás una visita.

b. Ella necesita silencio (cuando / cuándo) está estudiando.

21. Expresiones variables:

- cuanto - expresa cantidad indeterminada, correlativo a tanto
- ¿cuánto? - expresión interrogativa

Selecciona la expresión apropiada:

a. (¿Cuánto? / Cuanto) más lo conozco, más lo admiro.

b. Quiero que me digas (cuánto / cuanto) te costó ese auto.

22. Expresiones variables:

- de más - adverbio de cantidad
- dé más - imperativo del verbo dar, seguido

  por un adv. de cantidad
- las o los demás - las otras o los otros

Selecciona la expresión apropiada:

a. Hay comida (demás / de más / dé más) para repartir.

b. Ellos necesitan que el profesor (demás / de más / dé más) ejemplos.

c. Ella no tiene compasión por los (demás / de más / dé más).

23. Expresiones variables:

- del - de seguido por artículo masculino
- de él - indica posesión, de seguido por él
- de El - de seguido por El (artículo masculino con mayúscula)

Selecciona la expresión apropiada:

a. Quiero sentarme cerca (del / de él / de El) patio.

b. El lápiz es (del / de él / de El).

c. Ese artículo es (del / de él / de El) Nuevo Día.

24. Expresiones variables:

- e - en sustitución de y antes de i, o de hi
- he - del verbo haber, se utiliza como auxiliar

Selecciona la expresión apropiada:

a. María (e / he) Irene son compañeras de clase.

b. La carta está firmada por los Rivera (e / he) hijos.

c. (E / He) leído las instrucciones antes de llenar el formulario.

25. Expresiones variables:

- el - artículo definido
- él - pronombre personal

Selecciona la expresión apropiada:

a. (Él / El) canal de televisión presentó un programa interesante.

b. (Él / El) hizo el jardín de la casa.

26. Expresiones variables:

- enfrente - del verbo enfrentar o enfrentarse
- en frente - en frente de, delante de
- frente a - frente por frente

Selecciona la expresión apropiada:

a. La biblioteca queda (enfrente / en frente / frente a) la cafetería.

b. Espero que se (enfrente / en frente / frente) a la verdad.

c. Estacioné el auto (enfrente / en frente / frente a) del edificio.

27. Expresiones variables:

- enhorabuena - felicitaciones
- en hora buena - en el momento adecuado

Selecciona la expresión apropiada:

a. ¡(Enhorabuena / En hora buena), nació una niña!

b. Más vale llegar (enhorabuena / en hora buena) que ser invitado.

28. Expresiones variables:

- haber - infinitivo de haber, verbo auxiliar, existir

- a ver - de observar, mirar

Selecciona la expresión apropiada:

a. El próximo noviembre va a (a ver / haber) un festival de cine internacional.

b. Vamos (a ver / haber) una película.

29. Expresiones variables:

- hacer - realizar

- a ser - convertirse

Selecciona la expresión apropiada:

a. Hay que (a ser / hacer) el trabajo.

b. Joel va (a ser / hacer) un buen médico.

30. Expresiones variables:

- haz - imperativo de hacer

- has - del verbo auxiliar haber

Selecciona la expresión apropiada:

a. (Haz / has) bien sin mirar a quien.

b. Tú (haz / has) luchado a brazo partido.

31. Expresiones variables:

- hecha - del verbo hacer, adj. equivalente a madura o completa
- echa - del verbo echar

Selecciona la expresión apropiada:

a. Ya está (hecha / echa) la cena.

b. (Hecha / Echa) los papeles en el basurero.

c. Tatiana es una mujer (hecha / echa).

32. Expresiones variables:

- hecho - del verbo hacer, suceso, adj. equivalente a maduro o completo
- echo - del verbo echar
- echó - del verbo echar (pretérito)

Selecciona la expresión apropiada:

a. Presenciamos un (echo / hecho) histórico.

b. Él es un hombre (echo / hecho).

c. (Echo / Hecho) los alfileres en una cajita.

d. He (echo / hecho) todo lo posible por ayudarte.

e. La gitana me (hecho / echo / echó) las cartas.

33. Expresiones variables:

- hierba - planta, de pastos
- hierva - del verbo hervir

Selecciona la expresión apropiada:

a. Cuando el agua (hierba / hierva), echa la pasta.

b. La menta es una (hierba / hierva) medicinal.

34. Expresiones variables:

- hola - saludo
- ola - de mar, onda, fenómeno atmosférico

Selecciona la expresión apropiada:

a. La (hola / ola) de frío produjo granizo.

b. La (hola / ola) chocó contra la proa del barco.

c. (¡Hola! / ¡Ola!) ¡Qué gusto me da verte!

35. Expresiones variables:

- hora - medida de tiempo
- ora - del verbo orar (rezar)

Selecciona la expresión apropiada:

a. ¿Qué (hora / ora) es?

b. El sacerdote (hora / ora) por los feligreses de la parroquia.

36. Expresiones variables:

- mas - pero, signo de suma
- más - se refiere a cantidad, cuánto más

Selecciona la expresión apropiada:

a. (Más / Mas) vale tarde que nunca.

b. Necesito (mas / más) tiempo para terminar el proyecto.

c. Dos (mas / más) dos son cuatro.

d. Voy a tu casa, (mas / más) no me llames.

37. Expresiones variables:

- media - calzado de punto, del verbo mediar, a la mitad, a medias
- medio - mitad, diligencia, conducto, vehículo, caudal, centro

Selecciona la expresión apropiada:

a. La radio y la televisión son (medios / medias) de comunicación.

b. Alfredo no es un buen empleado porque deja el trabajo a (medios / medias).

c. Él es medio loco. Y ella es (medio / media) loca también.

d. Tiene los (medios / medias) para abrir la fábrica de (medios / medias).

e. Sacamos las visas por (medio / media) del consulado.

f. Mercedes (medio / media) a favor de su hermano.

38. Expresiones variables:

- mediodía - 12:00 del día
- medio día - mitad de un día

Selecciona la expresión apropiada:

    a. Almorzamos al (mediodía / medio día).

    b. Trabajo (mediodía / medio día), así me queda tiempo para estudiar.

39. Expresiones variables:

- mi - posesivo, nota musical
- mí - pronombre

Selecciona la expresión apropiada:

    a. Acuérdate de (mi / mí) cuando estés lejos.

    b. Acuérdate de (mi / mí) regalo.

    c. Se me olvidó que (mi / mí) era la tercera nota de la escala.

40. Expresiones variables:

- o - para indicar disyuntiva
- ¡oh! - manifiesta emoción, asombro

Selecciona la expresión apropiada:

    a. (¡Oh! / O) No imaginas la alegría que sentí.

    b. ¿Estudias (¡oh! / o) trabajas?

41. Expresiones variables:

- por que - por el cual, por el que
- ¿por qué? - expresión interrogativa
- porque - por causa, debido a que, la razón de que
- el porqué - la causa, la razón, el motivo

Selecciona la expresión apropiada:

a. Quiero saber (por que / ¿por qué? / porque / el porqué) de tu tardanza.

b. Quiero saber (por que / por qué / porque / el porqué) llegaste tarde.

c. Llegó tarde (por que / por qué / porque / el porqué) la guagua se desvió.

d. El chofer cambió la ruta (porque / por que / el porqué / ¿por qué?) iba.

42. Expresiones variables:

• que - conj. copulativa

•¿qué? - expresión interrogativa

Selecciona la expresión apropiada:

a. Quiero saber (que / qué) te pasa.

b. Esa es la muchacha (que / qué) te dije.

43. Expresiones variables:

• quienquiera - cualquiera

• quien quiera - el que desee

Selecciona la expresión apropiada:

a. (Quienquiera / Quien quiera) cooperar que levante la mano.

b. (Quienquiera / Quien quiera) que sea es un atrevido.

44. Expresiones variables:

• secretaria - oficinista

• secretaría - despacho, cargo de secretario

Selecciona la expresión apropiada:

a. Él ocupa la (secretaria / Secretaría) de Hacienda.

b. Esos asuntos se atienden en la (secretaria / secretaría).

c. La (secretaria / secretaría) es una trabajadora muy eficiente.

45. Expresiones variables:

- sepa - del verbo saber
- cepa - raíz o principio, calidad

Selecciona la expresión apropiada:

a. Abuelo, quiero que (sepa / cepa) el cariño que le tenemos.

b. Ese viñedo es de pura (sepa / cepa).

46. Expresiones variables:

- si - condicional
- sí - afirmativo

Selecciona la expresión apropiada:

a. (Sí / Si) llegas temprano, iremos al cine.

b. (Sí / Si), tu abuelo te incluyó en su testamento.

47. Expresiones variables:

- sierra - cordillera, herramienta para cortar
- cierra - del verbo cerrar

Selecciona la expresión apropiada:

a. En la (cierra / sierra) hace frío, (cierra / sierra) bien las ventanas.

b. No olvides llevar la (cierra / sierra) para cortar leña.

48. Expresiones variables:

- sino - destino o pero

- si no - si condicional seguido por negación

- sí, no - afirmación seguida por una coma y oración negativa

Selecciona la expresión apropiada:

a. (Sino / Si no / Sí, no) estudias, no saldrás de la pobreza.

b. El libro no está a la derecha, (sino / si no / sí no) a la izquierda del librero.

c. Creo en la voluntad de los seres humanos y no en el (si no / sino / sí no).

49. Expresiones variables:

- sinnúmero - varios, muchos

- sin número - que no tiene número

Selecciona la expresión apropiada:

a. (Sinnúmero / Sin número) no te atenderán.

b. Elena tiene un (sinnúmero / sin número) de buenas cualidades.

50. Expresiones variables:

- sinfín - pluralidad, abundancia

- sin fin - que no termina

Selecciona la expresión apropiada:

a. La obra parecía (sinfín / sin fin), es muy larga.

b. Tiene un (sinfín / sin fin) de problemas.

51. Expresiones variables:

- sobretodo - abrigo
- sobre todo - por encima de todo

Selecciona la expresión apropiada:

a. Me compré un (sobre todo / sobretodo) para viajar en otoño.

b. Me interesa (sobretodo / sobre todo) la calidad humana de las personas.

52. Ejemplos de expresiones variables:

- tan bien - bien, muy bien
- también - igualmente

Selecciona la expresión apropiada:

a. Te va (tan bien / también) que seguramente sacarás A en el curso.

b. Me gusta la literatura (tan bien / también).

53. Ejemplos de expresiones variables:

- tan poco - poca cantidad
- tampoco - adverbio de negación

Selecciona la expresión apropiada:

a. Si tú no vas a la fiesta, yo (tan poco / tampoco) iré.

b. Tengo (tan poco / tampoco) dinero, que no sé cómo voy a pagar la matricula.

54. Expresiones variables:

- te - relativo a ti
- té - de tomar

Selecciona la expresión apropiada:

a. (Te / Té) dije que me gusta más el **b.** (te / té) que el café.

55. Expresiones variables:

- tu - posesivo
- tú - pronombre personal

Selecciona la expresión apropiada:

a. ¿(Tu / Tú) no sabes dónde está mi libro?

b. (Tu / Tú) libro está sobre la mesa.

56. Expresiones variables:

- vez - tiempo u ocasión
- ves - del verbo ver o verse

Selecciona la expresión apropiada:

a. Iré cada (ves / vez) que pueda.

b. ¿(Ves / vez) bien la pizarra desde tu pupitre?

c. Te (vez / ves) muy bien.

EJERCICIO I

Elige las expresiones que correspondan a las siguientes oraciones.

1. Adjuntas es una de las zonas agrícolas **(mas / más)** fértiles **(del / de él)** país.

2. (Apenas / A penas) lleguemos **(ha / a / ah)** la finca, vamos **(haber / a ver)** los cafetales que proliferan en la región.

3. El convicto sentenciado **(ha / a / ah)** cadena perpetua rogaba **(adiós / a Dios)** que se demostrara su inocencia.

4. En cada rincón **(de él / del / de El)** Viejo San Juan **(ay / hay / ahí)** un recuerdo.

5. Cuando **(convino / combino / con vino)** las recetas criollas **(convino / combino / con vino)**, logro crear exquisitos platillos.

6. Dicen por **(ay / ahí / hay)**, que "no **(ay / ahí / hay)** mal que dure **(sien / cien)** años".

7. (E / He) recibido excelentes calificaciones, **(con que / conque / con qué)** espero el apoyo de mis padres para continuar mis estudios.

8. No entiendo **(como / cómo)** pretendes **(a través de / atravesar)** el desierto sin el equipo adecuado.

9. (Ahí / Hay / Ay) que examinar y atender **(a / ha)** los enfermos, **(afín / a fin)** de erradicar el virus que padecen.

10. Es absurdo que el anciano **(en frente / enfrente)** solo la adversidad de un huracán.

11. La Agencia de Calidad Ambiental detectó emanaciones de gases tóxicos, **(sobretodo / sobre todo)** en sectores industriales y multó **(ha / a / ah)** los responsables de la catástrofe.

12. (**Hay / Ahí / ¡Ay!**), ella se siente (**tan bien / también**) en su antigua casa, que rehusó vender el inmueble por un millón de dólares.

13. Por empacar de prisa, el (**sobre todo / sobretodo**) que compré para el viaje (**tan bien / también**) se me quedó.

14. No encuentro (**tan poco / tampoco**) los pasaportes.

15. (**Sino / Si no / Sí, no**) llegas antes del (**medio día / mediodía**), te quedarás (**sinnúmero / sin número**) y tendrás que (**a ser / hacer**) una fila (**mas / más**) larga.

16. No sé (**como / cómo**) vamos a realizar el (**sin fin / sinfín**) de gestiones pendientes en (**tan poco / tampoco**) tiempo.

17. Fuimos (**haber / a ver**) el río fuera de su cauce, (**mas / más**) unos lugareños nos aconsejaron mantener una distancia prudente de (**ciempiés / cien pies**) para evitar accidentes.

18. El poeta es (**a fin / afín**) a la poesía.

19. A veces debemos ceder, (**mas / más**) no siempre.

20. (**Has / Haz**) la tarea (**a / ha**) computadora (**he / e**) imprime una copia para la profesora.

21. Para mantener un buen promedio académico, los estudiantes que cursan el primer año tienen que (**a ser / hacer**) múltiples ajustes en su vida cotidiana.

EJERCICIO II

Lee el texto y elige las expresiones que correspondan.

Cuento Casi Infantil del Duende Dormido

por Isabel Parera

Había una (**ves /vez**) un duende (**qué / que**) tenía una vida (**echa / hecha**) en la (**cierra / sierra**). (**Más / Mas**) no era feliz. (**Por que / El porqué / Porque / ¿Por qué?**) Pues, (**por que / porque / el porqué / por qué**) era tan pequeño, que (**cuándo / cuando**) se movía entre la (**hierva / hierba**) su diminuta figura no se veía. (El / Él) quería salir (**de él / del**) anonimato, (**a ser / hacer**) que los (**de más / dé más / demás**) vecinos lo admiraran. Sin embargo, no sabía (**cómo / como**) conseguir su objetivo. (**Afín / A fin / Al fin**) decidió que lo mejor era dejárselo al destino y no darle vueltas (**de más / demás / dé más**) al asunto. Un día encontró un dedal tirado en (**él / el**) pastizal, y (**afín / a fin**) de tomar una corta siesta, se (**hecho / echó / echo**) en su interior. (**Cómo / Como**) estaba bastante cansado, de tanto andar de un lado para otro (unas veces buscando (**que / qué**) comer, otras huyendo, (**sobre todo / sobretodo**) de los (**cien pies / ciempiés**)), (**a penas / apenas**) cerró los ojos se quedó profundamente dormido. Mientras dormía (**tan bien / también**) soñaba, sin sospechar su triste (**sí, no / si no / sino**). (**Mas / Más**) a esa (**ora / hora**) un viento (**qué / que**) del norte vino, levó el dedal (**de él / del**) suelo y lo tiró al río.

El duende estaba (**también / tan bien**) acomodado dentro del dedal, que ni se enteró de (**qué / que**) flotaba río (**a bajo / abajo**) de (**hola / ola**) en (**hola / ola**). Tan tranquilo iba que (**tan poco / tampoco**) despertó. (**Cuánto más / Cuanto más**) dormía, (**mas / más**) se alejaba de tierra firme, dejándose llevar por la corriente (**ha / ah / a**) la deriva.

(**Quienquiera / Quien quiera**) que piense (**qué / que**) esta historia (**sinfín /**

sin fin) no **(a / ah / ha)** sucedido, que de una **(ves / vez)** su realidad **(en frente / enfrente)**. **(Cepa / Sepa)** discernir, que **(aun que / aunque)** nunca **(allá / halla / haya)** existido un duende, son verdaderos el río, el viento, la **(cierra / sierra)**… y **(ahí / hay / ay)** **(ciento / siento / cientos)** de alimañas al acecho.

EJERCICIO III

Ahora, cambia el final del cuento. Utiliza otras expresiones variables.

_____

_____

_____

_____

_____

_____

_____

_____

_____

_____

_____

_____

_____

_____

_____

_____